Pertence a Miriam R. de Oliveira

MORRA E MUDE

?0-07

Paulo Angelim

MORRA E MUDE

Um guia para revolução pessoal e profissional

Editora Mundo Cristão
São Paulo

Morra e Mude
Categoria: Liderança & Gestão/Inspiração

Preparação de texto: Omar de Souza

Revisão: Geuid Dib Jardim

Diagramação: Idéia Dois Design

Capa: Idéia Dois Design

Impressão: Imprensa da Fé

Os textos das referências bíblicas foram extraídos da A BÍBLIA VIVA, 2ª ed. (Sociedade Bíblica Internacional), salvo indicação específica.

A 1ª edição brasileira foi publicada em julho de 2004, com tiragem de 5.000 exemplares.

Dados Internacionais de Catalogação na Publicação (CIP)
(Câmara Brasileira do Livro, SP, Brasil)

Angelim, Paulo
Morra — e mude! / Paulo Angelim — São Paulo : Mundo Cristão, 2004.

ISBN 85-7325-377-0

1. Conduta de vida 2. Espiritualidade 3. Morte – Aspectos religiosos – Cristianismo 4. Vida cristã I . Título.

04-3697 CDD - 248.4

Índice para catálogo sistemático
1. Mudanças : Vida cristã : Cristianismo 248.4

Publicado no Brasil com a devida autorização e com todos os direitos reservados pela:

Associação Religiosa Editora Mundo Cristão
Rua Antonio Carlos Tacconi, 79 – CEP 04810-020 – São Paulo – SP – Brasil
Telefone: (11) 5668-1700 – Home page: www.mundocristao.com.br

Editora associada a:
- Associação Brasileira de Editores Cristãos
- Câmara Brasileira do Livro
- Evangelical Christian Publishers Association

Printed in Brazil
10 9 8 7 6 5 4 3 2 1 04 05 06 07 08 09 10 11

Sumário

"Eu devo morrer como um grão de trigo que cai dentro da terra. Se eu não morrer, ficarei sozinho — uma semente isolada. Porém a minha morte produzirá muitos novos grãos de trigo — uma abundante safra de novas vidas."

João 12:24

"Eis que nunca desanimamos. Embora os nossos corpos vão morrendo, a força interior que temos no Senhor vai crescendo dia a dia."

II Coríntios 4:16

Agradecimentos

A Deus, meu Pai celeste, soberano Senhor e
sublime inspirador de minha vida

A meus pais, grandes responsáveis pela
construção e pelo desenvolvimento da
maior e melhor parte do meu conjunto
de valores e princípios

À minha esposa e aos meus filhos, que me
ajudaram a descobrir que, através do amor,
a vida pode ser bela

A todos que, com suas palavras e ações,
me deram a oportunidade de questionar
a mim mesmo, o mundo e a vida

Apresentação

ESTE LIVRO CONTINUA o propósito iniciado com meu livro anterior, *Por Que Eu não Pensei Nisso Antes?*. Nada pode ser mais desafiante do que a possibilidade de poder influir positivamente na transformação da vida de alguém. Nada pode ser mais recompensador do que constatar que suas idéias têm sido responsáveis pela renovação interior de milhares de pessoas que diziam estar em estado de marasmo em suas jornadas, e que, depois da leitura de meus textos, voltaram a ter fé, encontraram uma missão pessoal, agarraram-se com afinco e motivação ao trabalho ou simplesmente voltaram a falar com um ente querido com quem tinham rompido o relacionamento havia anos. Sou extremamente grato a Deus por ter me proporcionado essa realização.

Mas a verdadeira missão jamais acaba, enquanto um fôlego de vida estiver em nossos corpos e mentes. Por isso, coloco agora diante de você mais uma coletânea de textos que, assim como no primeiro livro da série, provocarão você a se reposicionar diante da vida e levarão a pensar sobre seus valores pessoais, profissionais e familiares. Mais do que isso, desafiarão você a mudar!

Basicamente, o propósito deste livro é fazer você crescer, progredir, sair do ostracismo e galgar lugares antes inimagináveis, inalcançáveis. E farei isto despertando em você a centelha de vida que existe em seu coração. Mas é necessário que você abra sua mente para se permitir enxergar a vida a partir de outras perspectivas ainda não exploradas — perspectivas que podem levar você a fazer declarações não muito convencionais, como "viva a morte!"; a concluir que "o que falta às empresas é o amor"; a perceber que há profundas diferenças entre "insistir" e "persistir"; ou a perceber a luta entre Exemplo *versus* Modelo — talvez você esteja transformando meros exemplos em modelos e, com isto, seguindo cegamente valores que, na verdade, deveriam ser questionados.

É uma viagem que entusiasma. Ao final dela, você será provocado a ponderar sobre os dois mais importantes verbos a serem conjugados em nossa existência, e que deveriam fazer parte de nosso plano diário de vida, de nossa missão pessoal. Não, não vou adiantar quais são eles, nem dar qualquer pista. Apenas convido você a participar desta jornada. Posso assegurar que, depois da leitura, você aceitará a realidade de que terá de morrer para mudar, para fazer nascer uma nova pessoa — melhor, mais nobre, mais otimista e mais compromissada com seu próprio crescimento e sucesso. Boa leitura.

Paulo Angelim

Atitude

É na mente que começam todas as grandes mudanças do homem. O apóstolo Paulo afirmou que não deveríamos nos conformar com este mundo, mas transformá-lo pela renovação de nossas mentes. Mas para que isto possa ocorrer, para que essa nova criatura nasça, para que haja essa necessária mudança, antes é preciso que morramos! Convido você agora a participar desta jornada, que tem sua mente como ponto de partida.

Viva a morte!

"A maioria das pessoas teme a morte
por não terem feito algo de suas vidas."

PETER USTINOV

EU SEI QUE O TÍTULO deste capítulo pode parecer estranho, sombrio e nada motivador — principalmente se considerarmos que meus textos, via de regra, têm o propósito de elevar o estado de espírito das pessoas. Mas não tema, pois o propósito é exatamente este: quero mostrar que todos os nossos tabus sobre este tema, a morte, são um grande equívoco, e que, na verdade, deveríamos mudar nossas perspectivas a respeito do assunto. A lógica é bastante simples, objetiva e acessível: aqueles que desejam evoluir em todos os aspectos da vida precisam aceitar a idéia de lidar com a morte, por mais imprevisível e inexorável que seja.

Primeiramente, repare que a primeira idéia que provavelmente veio à sua mente diante da palavra "morte" foi seu significado básico, qual seja, a ausência de vida. É bem possível que você tenha pensado em hospital, caixão, velório, enterro, família em prantos etc. Nossas mentes já estão de tal forma condicionadas a pensar negativamente diante da morte que imediatamente remetem ao momento no qual definitivamente deixaremos este mundo.

Porém, não é a este tipo de morte que me refiro neste livro — até porque há outros tipos de morte. É verdade. E vou mais além: digo a você que precisamos morrer todo dia! É isto mesmo. A morte é uma passagem, uma transformação. Não existe planta sem a morte da semente. Não existe embrião sem a morte do óvulo e do esperma. Não existe borboleta sem a morte da lagarta.

A morte é o ponto de partida para o início de algo novo, de um novo estágio. É a fronteira entre passado e futuro. Se você começar a pensar dentro desta perspectiva, verá que a palavra "morte" já não causará tanto desconforto, e poderá buscá-la mais facilmente. Você leu corretamente: defendo que nossa relação com a morte deve ser tão harmônica a ponto de buscarmos morrer em alguns aspectos de nosso ser para que possamos alcançar estágios mais evoluídos de desenvolvimento. Vejamos alguns exemplos.

- **Quer ser um bom universitário?** Mate dentro de você o secundarista aéreo que pensa que ainda existe muito tempo pela frente, e que planejar o futuro é perda de tempo.

- **Quer ser um excepcional profissional?** Mate dentro de você o universitário descomprometido e avesso às responsabilidades, que acha que a vida se resume a estudar só para fazer provas e entregar trabalhos.

- **Quer ser um excelente marido ou uma ótima esposa?** Mate dentro de você o solteiro que pensa poder fazer planos sozinho, sem ter de dividir espaço, projetos e tempo com mais ninguém.

- **Quer ser um líder bem-sucedido?** Mate dentro de você o subordinado egoísta que pensava na liderança como o momento em que o mundo passa a girar a seu redor.

Enfim, todo processo de evolução exige que matemos o nosso eu passado, inferior. Se não agimos assim, corremos o risco de tentar ser duas pessoas ao mesmo tempo, perdendo o foco, comprometendo a produtividade e, por fim, prejudicando o sucesso. Muitas pessoas não evoluem porque ficam se agarrando ao que eram, ao invés de se projetar para o que serão ou desejam ser. Elas querem o novo posto, o novo degrau, sem abrir mão da forma como pensavam ou como agiam. Com isso, transformam-se em projetos inacabados, híbridos, adultos infantilizados.

> **!** *A morte é uma passagem, uma transformação. Não existe planta sem a morte da semente. Não existe embrião sem a morte do óvulo e do esperma. Não existe borboleta sem a morte da lagarta. A morte é o ponto de partida para o início de algo novo, de um novo estágio.*

Paulo deixou-nos uma bela lição em I Coríntios 13:11: "Quando eu era criança, falava, pensava e raciocinava como criança. Mas quando me tornei homem, meus pensamentos se desenvolveram muito além dos pensamentos da minha infância, e agora eu deixei as coisas de criança". Ou seja, é possível que, vez por outra, nossas ações sejam infantis — no melhor sentido da palavra —, de tal forma que não matemos virtudes próprias dos tempos de criança, como a vontade de brincar, o sorriso fácil, a vitalidade, a criatividade e assim por diante. Mas se quisermos ser adultos, devemos necessariamente matar a criancice — neste caso, no sentido negativo.

Quer ser alguém (um profissional, uma mãe, um cidadão, uma estudante, um amigo) melhor e mais evoluído? Então pense nas coisas em você que precisam morrer ainda hoje para que nasça aquilo que você tanto deseja ser. Pense nas palavras de João 12:24: "Eu devo morrer como um grão de trigo que cai dentro da terra. Se eu não morrer, ficarei sozinho — uma semente isolada. Porém a minha morte produzirá muitos novos grãos de trigo — uma abundante safra de novas vidas".

Pense nisto... e morra! Mas não esqueça de nascer melhor ainda!

DESAFIO

Para nascer alguém que frutifica, mate quem você é hoje!

Por que **temos** medo **de fazer** escolhas?

"Sua vida é o resultado da soma de todas as escolhas que você faz, sejam elas conscientes ou inconscientes. Se você puder controlar o processo de escolha, você poderá controlar a maioria dos aspectos de sua vida. Você poderá encontrar a liberdade característica daqueles que já assumiram a responsabilidade sobre si mesmos."

ROBERT F. BENNETT, senador dos Estados Unidos

SE HÁ UMA COISA que você não pode evitar em sua vida é a necessidade premente de fazer escolhas, de tomar decisões. E isto vale para todas as áreas de sua vida — familiar, social, profissional etc. Ao longo de sua existência, você acumula inúmeras escolhas, certas ou erradas. Pode tentar evitá-las, empurrá-las com a barriga, mas chega um dia e uma hora nos quais você precisa fazer escolhas, ou alguém as faz por você. E é aí que mora o perigo. Quando outra pessoa começa a fazer as escolhas que dizem respeito à sua vida, à sua existência, ao seu crescimento, você está perdendo o controle sobre si.

Mas por que é tão difícil fazer escolhas? Vejo, basicamente, duas grandes razões:

- a dificuldade, consciente ou não, de admitir que toda escolha implica uma renúncia;

- a dúvida cruel: a escolha é certa ou errada? É possível que venha a ser motivo de frustração e arrependimento?

No primeiro caso, comece admitindo um fato óbvio, mas que muitas vezes insistimos em rejeitar: toda e qualquer escolha implica, necessariamente, renunciar alguma coisa. Por exemplo, o que você está deixando de fazer neste exato momento que escolheu para ler este livro? Você poderia usar este tempo para desenvolver outra atividade, mas escolheu ler este texto. E a verdade é que você é o único responsável por isso, queira ou não.

Há pessoas que não conseguem entender isto. Querem aprender a nadar, mas não tiram o pé do chão. Desejam conhecer novos mares, mas não abrem mão do conforto e da segurança de permanecerem no porto. Acham boa a idéia de casar, desde que continuem levando vida de solteiros. Pensam em crescer profissionalmente, mas não aceitam perder as noites livres, as baladas de fim de semana, mesmo que esta renúncia seja temporária e para seu crescimento. Querem o bônus, mas não querem o ônus. Resultado: evitam, rejeitam, adiam as escolhas. Empacam. Estagnam-se.

"Será que esta decisão é a mais certa? Será que vou me arrepender depois?" São perguntas inevitáveis diante da necessidade de se fazer uma escolha. Penso que não importa muito se a escolha que se faz é a certa. Não deveríamos nos cobrar por isso. Evidentemente, a decisão racional é precedida de um encadeamento de pensamentos maduros, claros. A decisão é uma conclusão, um fechamento de raciocínio — pelo menos, deveria ser. E para se chegar a uma decisão boa e consciente (note que não me refiro a certa ou errada), você deve se valer de informações, conselhos, hipóteses, projeções etc.

Não estou dizendo que você deve ser inconseqüente, ignorando os desdobramentos da decisão. Absolutamente. Minha opinião é de que você não precisa dar espaço para a angústia prematura de estar ou não fazendo a escolha certa, mas certificar-se de estar 100% comprometido na realização da escolha que fez. Se não fizer isto, nunca saberá se a escolha era certa ou não. Afinal, você não tentou tudo o que podia para realizá-la. Aí, sim, pode residir uma dúvida angustiante. Mas deixar de fazer escolhas por medo de que sejam erradas é tolice. Conscientemente, faça as escolhas em sua vida e lembre-se de que você somente saberá se elas serão certas ou erradas se der o máximo de si para concretizá-las.

> ! *Você não precisa dar espaço para a angústia prematura de estar ou não fazendo a escolha certa, mas certificar-se de estar 100% comprometido na realização da escolha que fez. Se não fizer isto, nunca saberá se a escolha era certa ou não.*

É lógico que, como cristão, não ignoro a limitação própria da visão humana. Por isso, não posso deixar de recomendar, principalmente, que você ore muito a Deus, pedindo o conselho dele para sua melhor decisão. Aqueles que temem e humildemente reconhecem sua incapacidade de ver o que há depois da curva estão aptos para receber os conselhos do Senhor, que tudo vê e tudo pode. Importante, porém, é que não confundamos as coisas: o conselho é de Deus, mas a decisão é nossa. O que ele promete é estar conosco se tomarmos nossas decisões segundo seu bom conselho.

Que decisão você vem protelando por medo ou por não querer aceitar a renúncia? Lembre-se de que não fazer uma escolha, por si, já é uma decisão — e, com certeza, a pior que se pode tomar. A mais frustrante.

Agora é com você: escolha!

DESAFIO

Para nascer o decidido, mate o medroso!

Por que **é tão** **difícil** renunciar?

"Você sabe que alcançou sucesso em sua área de trabalho quando você não sabe se o que está fazendo é um trabalho ou uma diversão"

WARREN BEATTY

ACABAMOS DE CONFRONTAR uma verdade inegável: toda decisão implica uma renúncia. Ninguém alcança superação e aperfeiçoamento pessoal sem aprender a renunciar. É algo inerente às escolhas. E ninguém avança sem fazer escolhas na vida.

Independentemente da dimensão da vida — seja a familiar ou a profissional —, a evolução exige disciplina na abstinência de práticas ou condutas que podem comprometer a corrida em direção à conquista dos objetivos. E é exatamente por isso que poucas pessoas atingem o sucesso: ele requer renúncias. É só você voltar no tempo e lembrar das grandes conquistas que alcançou até hoje. Admita: em todas elas você teve de renunciar a várias coisas. Vestibular, primeiro namoro, campeonato escolar, primeiro emprego, promoção e abertura da primeira empresa são algumas situações típicas que exigem renúncia.

Sabendo que o ato de renunciar foi imprescindível para a vitória em desafios do passado, por que manter a relação de aversão à renúncia? Se a renúncia é o caminho para o sucesso, por que evitá-la ou tratá-la como algo ruim? Por que fazer cara feia ao constatar que, para alcançar a vitória em seus planos, você deve renunciar a algo? A resposta é simples: porque a maioria de nós considera que renúncia significa sacrifício!

Os dicionários trazem renúncia como sendo um dos significados para sacrifício. Sem dúvida, todo sacrifício implica uma renúncia. Mas o inverso não é verdadeiro. Nem toda renúncia é um sacrifício. Ao identificar as renúncias como sacrifícios, a mente naturalmente boicota o processo, uma vez que a compreensão da palavra "sacrifício" seja de algo ruim, penoso, doloroso, sofrido. Normalmente, está associada a sofrimento, castigo. Este significado é pagão, e provém das ofertas aos deuses. Considerando que algumas culturas sacrificavam crianças e adultos para aplacar a ira de seus deuses, a palavra ganhou aí um significado ainda mais macabro.

Quando dizemos a alguém que precisa fazer um certo sacrifício, é normal que a pessoa comece mentalmente um processo de associação com situações que exijam esforço, privação do prazer, renúncia do bom. E é verdade. Normalmente, renunciar a algo ruim jamais será visto como sacrifício. O sacrifício está associado a renunciar àquilo de que mais gostamos ou que temos de melhor. O maior exemplo de sacrifício foi a morte de Cristo, registrada pela Bíblia. Nada de melhor poderia ter sido dado no lugar de Cristo como sacrifício pelos pecados da humanidade. O Senhor aceitou o seu próprio Filho.

Voltando ao ponto, o grande desafio é você descobrir como renunciar a coisas boas sem que isto seja considerado um sacrifício. Como isto é possível? Simples: basta você renunciar ao bom por algo tão bom ou melhor. Ou seja, basta você mexer nas suas prioridades para deixar de ver suas renúncias como sacrifícios. Lembre-se de que, fazendo isto, você abre caminho para correr mais livremente em direção ao sucesso. Não haverá bloqueios mentais para as renúncias necessárias, pois serão encaradas como simples opções que devem ser temporariamente suspensas em detrimento de algo necessário, mais urgente, mas não necessariamente mais importante. Vejamos como.

O grande desafio é você descobrir como renunciar a coisas boas sem que isto seja considerado um sacrifício. Como isto é possível? Simples: basta você renunciar o bom por algo tão bom ou melhor.

Prioridades

Em primeiro lugar, quando você decide fazer algo de que realmente gosta, dificilmente verá como um sacrifício o ato de renunciar às inúmeras outras atividades que poderia estar fazendo no mesmo instante. Digamos que você goste muito de jogar futebol ou ir à praia, e, para manter o hábito, é obrigado a deixar de sair com a esposa. Você consideraria um sacrifício não sair com a esposa para jogar bola? É provável que não.

Agora, pense no sentido inverso: digamos que você não possa ir ao futebol porque precisa acompanhar a esposa em um evento. Diga-me se a grande maioria dos homens não iria jogar na cara de suas esposas o sacrifício a que estariam se submetendo para acompanhá-las. A ameaça seria mais ou menos assim: "Lembre bem para depois não dizer que eu não gosto de você: estou deixando de ir ao futebol para acompanhá-la neste aniversário besta!"

Conclusão: o sacrifício está diretamente associado às suas prioridades. Quando você as muda, o que antes era considerado renúncia sacrificial passa a ser visto como uma mera impossibilidade. "Não posso ir ao futebol hoje, pessoal, porque escolhi levar minha esposa a um evento." Veja que a mudança está em aceitar o fato de que acompanhar a esposa também é uma prioridade. E você faz isto porque sabe que esta atitude acrescenta pontos num relacionamento duradouro. Assim, a decisão deixa de ser uma obrigação, e aí não cabe mais o conceito de sacrifício. É lógico que nada disso faz sentido se não houver compromisso com a duração do relacionamento.

Leve este conceito agora para o trabalho. É possível que você tenha projetos e planos profissionais. Digamos que fosse um curso de especialização ou um MBA. Freqüentar as aulas deste curso será sempre um sacrifício se você considerar que o cinema ou o namoro é uma prioridade maior. Ou seja, você estaria sacrificando o cinema ou a namorada para ir à aula. É por isso que dizemos que você sempre fará melhor aquilo de que gosta e considera prioritário. A solução, então, é estabelecer o curso como a prioridade maior — algo necessário, que vai gerar benefícios futuros e por isso é imprescindível. Sendo uma etapa de seu crescimento em direção ao sucesso, você aceita a idéia de que terá de fazer renúncias ou escolhas. Desta forma, deixar de ir ao cinema ou à casa da namorada não será uma renúncia sacrificial, mas apenas uma impossibilidade diante da necessidade de se fazer algo mais prioritário — no caso, ir ao curso. É uma questão a ser resolvida na mente. Portanto, uma questão de atitude.

Outro exemplo. A diretoria estabelece que é prioridade em sua empresa a execução de um plano estratégico que será traçado durante um fim de semana. Se você é alguém que valoriza a família, certamente vai considerar a execução do plano no fim de semana um sacrifício, pois deverá renunciar à companhia da família. Qual é a saída? Estabelecer que o plano também é sua prioridade. Veja o lado bom de participar do processo. Pense no quanto ganhará com esta experiência. Encare-a como imprescindível. Isto não significa que a família perderá seu valor.

> *O sacrifício está diretamente associado às suas prioridades. Quando você as muda, o que antes era considerado renúncia sacrificial passa a ser visto como uma mera impossibilidade.*

É lógico que isso não vale para os casos de empresas que consomem você totalmente, todos os fins de semana, impedindo o desenvolvimento das outras áreas de sua vida, como a família. Essas empresas não querem seres humanos, mas máquinas. Se estiver ao seu alcance, mude a empresa, ou mude-se dela. Sua vida é mais importante.

Enfim, qual é a moral da história? Se você não encarar com seriedade seus sonhos e planos, priorizando-os adequadamente, todas as renúncias necessárias para que eles se realizem sempre serão consideradas sacrifícios. Agindo assim, sua mente inventará desculpas para não realizá-los, pois ninguém, em sã consciência, gosta de passar por sacrifícios. A solução está em mudar sua percepção sobre seus planos, aceitando-os como prioridades e se comprometendo verdadeiramente com a execução de cada um deles. Faça isso!

Você certamente está renunciando a alguma outra atividade para ler este livro. Meu sincero desejo é que, até agora, não tenha sido um sacrifício, mas uma alegria.

DESAFIO

Para nascer alguém com atitude positiva, mate o murmurador!

Os **perigos** da **vitória**

"O que se vinga depois de vencer
é indigno da vitória."
VOLTAIRE

SERÁ QUE O PENTACAMPEONATO mundial de futebol, em 2002, só trouxe alegrias para nós, brasileiros, ou também nos deu motivos para refletir sobre os perigos da vitória? Nunca é demais lembrar de 30 de junho de 2002. Dia de glória, de coroação dos maiores e melhores representantes do futebol no mundo. Pentacampeões. Guerreiros, heróis de uma nação em festa. O povo não conseguia conter a emoção, o grito que estava engasgado desde 1998.

Passada a euforia, era hora de fazer, pelo menos, duas reflexões, que só a mente em quietude consegue desenvolver. Em primeiro lugar, foi revoltante ver a cultura de guerra promovida por quase todos os veículos de comunicação, quando fizeram referências às derrotas de Itália,

Portugal, França e, principalmente, Argentina. Curiosamente, os mesmos veículos que fazem campanhas pela paz. Ao invés de cumprir um papel educativo, promoveram a chacota, a ridicularização do adversário, o sentimento de revanche, de vingança. Ao invés de, com grandeza, comemorar o próprio triunfo, a conquista e superação pessoal, os veículos abriram espaço e incentivaram a celebração da desgraça dos outros.

Você tem idéia do que acontece quando se transfere esse mesmo princípio para as relações pessoais, para os desafios e lutas cotidianos? Tudo, até uma simples discordância entre amigos ou colegas de trabalho, vira motivo suficiente para provocação, para descarregar no outro todas as mágoas. Grande exemplo deram os turcos e coreanos quando comemoraram juntos, de braços dados, o terceiro e o quarto lugares, mesmo um tendo vencido o outro. Portanto, não pense que é impossível que o vitorioso caminhe junto com o derrotado e o respeite. Na verdade, quando o vitorioso age assim, ele mostra a grandeza e o mérito pela vitória. O que é mais fácil: provocar o derrotado em sua queda ou dar-lhe a mão, ajudando-o a se levantar?

A segunda reflexão é sobre as críticas que a seleção e, principalmente, o técnico Luís Felipe Scolari, o Felipão, receberam antes da copa. Depois da conquista, deflagrou-se um processo de caça às bruxas, de demonização daqueles que fizeram as críticas, como se o ato de criticar fosse um pecado. Ora, é muito provável que todas essas críticas tenham sido o gatilho para disparar, no técnico e em cada jogador, uma motivação interior para a superação pessoal, para a conquista dos desafios. É provável que a união do grupo e a automotivação para o enfrentamento dos desafios tenham vindo exatamente das críticas. Agora, imagine se elas não tivessem existido. A falta de críticas, de alertas, pode levar qualquer pessoa, inclusive você, à estagnação, a achar que está tudo bem, que pouco ou nada precisa ser feito.

Não pense que é impossível que o vitorioso caminhe junto com o derrotado e o respeite. Na verdade, quando o vitorioso age assim, ele mostra a grandeza e o mérito pela vitória.

Santo Agostinho dizia: "Prefiro os que me criticam, pois me corrigem, do que os que só me elogiam, porque estes me corrompem". O correto não é criticar quem critica, desde que o faça construtivamente. O certo é preparar pessoas para canalizar as críticas como estímulo à busca do aperfeiçoamento, mesmo sabendo que a perfeição não existe. Inibir a crítica é querer tornar perfeitos os vitoriosos, levando-os a, perigosamente, pensar que estão acima de qualquer análise, de qualquer julgamento. Cuidado!

Por tudo isso, vale a pena refletir sobre as emoções, sentimentos e pensamentos que envolvem a vitória. Não é à toa que Jesus pregava que a maior vitória é aquela alcançada quando vencemos nossos sentimentos e pensamentos mais mesquinhos, mais destrutivos — de soberba, orgulho, ganância, inveja, superioridade, vingança e tantos outros. Nós, brasileiros, somos vitoriosos, pentacampeões de futebol, sem a menor sombra de dúvida.

Só nos falta ser vitoriosos na vida, vencendo o mal com o bem, com o amor. Só assim construiremos uma nação campeã.

DESAFIO

Para nascer o vitorioso, mate o soberbo!

Você **tem** um **ponto** eletrônico?

"Quando um arqueiro erra o alvo, vai buscar o erro dentro de si. Se você não acerta na mosca, não é culpa do alvo. Para melhorar a sua mira, melhore a si mesmo."

GILBERT ARLAND

AO FALAR EM "PONTO ELETRÔNICO", não me refiro ao relógio de ponto na entrada de fábricas e repartições públicas, aquela máquina de uso pré-histórico que policia se você entrou e saiu no horário previsto para seu trabalho, independentemente de você estar ou não com vontade de trabalhar. Na verdade, falo de uma espécie de ponto eletrônico que existe em você, e que você pode não estar usando — e se prejudicando por isto.

Nossa vida é ao vivo, não temos direito a edição de imagens. Se alguma coisa errada foi dita, não temos como voltar atrás para apagá-la. Podemos pedir desculpas, nos retratar, mas apagar é impossível. Como disse Millôr Fernandes, "a vida é como desenhar sem borracha". Cada traço, cada movimento, cada gesto, cada palavra fica. Tudo é registrado. É tão comum nos concentrarmos no que fazemos no momento, que não percebemos quando erramos ou omitimos algo importante. É como se tivéssemos ligado uma espécie de piloto automático, quando funcionamos de acordo com uma programação mental previamente definida. Somos conduzidos por nossos programas mentais ou paradigmas. Perdemos a capacidade de nos questionar, de fazer uma autocrítica enquanto falamos e agimos.

Praticamente em todos os programas ao vivo de TV, nas melhores e maiores emissoras, os apresentadores ou apresentadoras usam um equipamento chamado ponto eletrônico. É um rádio transmissor que fica escondido na sua roupa, com um fone de ouvido bem discreto. Este é o recurso encontrado para, ao vivo, corrigir falhas ou omissões ou passar informações quentes (novas) aos apresentadores. Alguém nos bastidores, sem a pressão de estar diante das câmeras, observa as falhas dos apresentadores e as transmite a eles, permitindo que façam as correções ou ajustes necessários. Assim, informações erradas, palavras ou assuntos omitidos são facilmente corrigidos.

A vida é muito parecida com um programa de TV ao vivo. Quando estamos no ar, diante dos outros, somos constantemente observados e avaliados, assim como num programa de TV. A diferença é que nossas relações pessoais são interativas, o que permite conduzir e ajustar o desempenho de acordo com a receptividade que percebemos em seus interlocutores. O problema passa a ser quando não consideramos o retorno dos outros a respeito de nosso desempenho, sobre a percepção que geramos neles. É neste momento que podemos ignorar informações preciosas que poderiam orientar nosso aperfeiçoamento.

Neste instante, ficamos sem referência para avaliar como nos saímos. Se omitimos alguma coisa ou nos equivocamos em outra, não sabemos. O melhor seria que tivéssemos, como os apresentadores de TV, um ponto eletrônico. Desta forma, alguém de fora, observando nosso desempenho, nos orientaria quanto às nossas deficiências. Seria ótimo.

Pois saiba que você tem este tal "ponto eletrônico"! Ele está em sua mente, e se chama "estado de consciência contínua". Na verdade, é um mecanismo que você pode instalar em sua mente, e que lhe permitirá disparar um processo de autocrítica contínuo. Ele não é perfeito, pois temos limitações na hora de olhar com isenção para nós mesmos. Mas ele pode ajudar consideravelmente no desenvolvimento de seu trabalho. Para que você consiga fazê-lo funcionar, terá de desenvolver a capacidade de perguntar-se constantemente: "Como estou agindo?"; "Como estão recebendo?"; "Como estou reagindo?"; "O que acabei de dizer?" Usando este mecanismo simultaneamente às suas interlocuções, você se permitirá assumir o controle sobre seus atos, evitando que o inconsciente os determine. Você não ficará refém de seu inconsciente, de seus paradigmas, de seu piloto automático, mas terá a capacidade de, conscientemente, definir gradativamente o rumo e o modo de suas ações à proporção que elas acontecem.

> *Nossa vida é ao vivo, não temos direito a edição de imagens. Se alguma coisa errada foi dita, não temos como voltar atrás para apagá-la. Podemos pedir desculpas, nos retratar, mas apagar é impossível.*

Um exemplo: quando estiver conversando com alguém, no momento em que a palavra for passada a você, imagine como está o seu rosto — se as expressões estão reforçando ou negando o que você está afirmando. Observe o seu corpo e veja se ele também está falando, afirmando a mesma coisa que suas palavras estão querendo dizer. Observe seus ombros, mãos e braços. Observe o rosto das pessoas diante de cada palavra que você lança.

Certa vez, eu estava em uma reunião com o corpo de diretores de uma empresa cliente nossa, e no momento que fiz uma afirmação, meu ponto eletrônico mostrou-me que o rosto de um dos diretores demonstrou preocupação, como se tivesse receio de que a proposta que apresentei não desse certo. Imediatamente, dirigi-me a ele e pedi que externasse sua inquietação. Foi o que ele fez. Assim, fizemos o ajuste, ficou tudo resolvido e prosseguimos nossa reunião. Em outro momento, percebi que o meu rosto estava muito sisudo, e rapidamente continuei meu discurso, inserindo um leve sorriso de contentamento com o que estava dizendo. Você pode achar incrível, mas o efeito foi imediato: as pessoas que participavam da reunião reagiram da mesma forma, tornando o ambiente mais leve.

Mais adiante, esqueci de uma informação vital que precisava ser passada numa explicação anterior. Anotei no rascunho à minha frente, e na minha fala seguinte, pedi licença para esclarecer a questão que tinha sido omitida. Um dos diretores afirmou, logo em seguida: "Ah, pensei que este ponto não havia sido contemplado. Agora está certo!" E assim aconteceu diversas outras vezes. Fico imaginando o que aconteceria se o ponto eletrônico não tivesse funcionado.

Quantas vezes teríamos enfrentado desencontros e conflitos desnecessários em nossa reunião?

Você tem usado seu ponto eletrônico a seu favor? Siga a recomendação de Paulo ao escrever aos coríntios: "Se vocês se examinarem cuidadosamente (...) não precisarão ser julgados e punidos" (I Coríntios 11:31). Ou seja, boa parte dos problemas de relacionamento ou mal-entendidos que causamos poderiam ser evitados se fôssemos mais diligentes na autocrítica.

Usando o mecanismo de estado de consciência contínua simultaneamente às suas interlocuções, você não ficará refém de seu inconsciente, de seus paradigmas, de seu piloto automático, mas terá a capacidade de, conscientemente, definir gradativamente o rumo e o modo de suas ações à proporção que elas acontecem.

Agora mesmo, você pode ter uma idéia da expressão de seu rosto ao longo da leitura deste capítulo? Por onde vagou sua mente enquanto você lia? Que conexões e associações você fez, e de que maneira poderiam ter prejudicado a compreensão de algum trecho deste texto? Saia do piloto automático, ligue seu ponto eletrônico e entre em um estado de consciência contínua. Você verá como seu desempenho pode melhorar, e muito.

DESAFIO

Para nascer a autocrítica, mate o piloto automático!

Você é **conhecido** ou **se fez** conhecer?

"Fazer negócio sem propaganda é como piscar para uma garota no escuro: você sabe o que está fazendo, mas ninguém mais sabe!"
Stewart Henderson Britt

MINISTREI UMA PALESTRA sob o tema "A motivação na vida do profissional de vendas" em Ribeirão Preto, em 2002, para mais de quinhentos corretores. Na platéia, Valentina Karan, considerada a maior corretora de imóveis do Brasil. Ela já marcou presença em quase todas as revistas e jornais de negócios do país, além de revistas como Veja e Isto É. Já esteve no programa do Jô Soares e tudo o que se possa imaginar.

Depois da palestra, fiquei conversando no pátio com Valentina, sua assistente e alguns outros corretores. Ela me parabenizou e disse que havia muito tempo não assistia a uma palestra tão boa. Marcou de me levar à sua empresa, e pouco tempo depois cumpriu a promessa. Mas, naquela noite, continuamos a conversa e alguém comentou o quanto Valentina era conhecida. Neste instante, pensei com rapidez e perguntei: "Valentina, será que você é conhecida ou se fez conhecer?" Ela pediu que eu explicasse. É sobre isto que vamos refletir neste capítulo.

É quase unânime a opinião de que as pessoas desejam ter uma boa reputação profissional no mercado. Querem ser reconhecidas como grandes profissionais, grandes empresários, executivos ou profissionais liberais. É uma pena ver que muitas pessoas têm esperado que algo aconteça a elas para que esta meta se cumpra. Esperam que alguém as note e descubra, que os holofotes se voltem para elas. Se você é uma destas pessoas, caia na real: sem alguém para rebocar, sem estar sob o guarda-chuva de algum mecenas ou de uma celebridade, o único caminho para a conquista da reputação é se fazer conhecido. É uma questão de abrir picada na mata, construir uma trilha própria, ao invés de usar caminhos que outros já trilharam. Se você não fizer isto, se não abrir seus próprios caminhos, será apenas mais um entre tantos. Terá uma luz da mesma cor e da mesma intensidade de inúmeras outras pessoas que já estão no mercado. Sem herança de fama que lhe dê notoriedade, só resta uma alternativa: fazer-se conhecer e ser reconhecido. Para isto, é necessário fazer a diferença em alguma atividade, de alguma forma. É a velha máxima: "Quem não é visto não é lembrado".

> *Sem um mecenas ou uma herança de fama que lhe dê notoriedade, só resta uma alternativa: fazer-se conhecer e ser reconhecido. Para isto, é necessário fazer a diferença em alguma atividade, de alguma forma.*

Reflita agora sobre o que tem feito para que as pessoas conheçam você e seu valor. Que diferença positiva você faz no mercado em que atua e na vida das pessoas com quem convive? Você tem esperado ser conhecido ou se faz conhecer pelas pessoas e pelo mercado? Aqui vão algumas dicas:

- Faça algo valioso, significativo, independentemente da função que desempenha.
- Compartilhe seu conhecimento, suas técnicas e seus métodos com as outras pessoas através de entrevistas, artigos ou palestras (aliás, aprenda a falar em público).
- Vá a seminários, palestras e cursos. Participe ativamente deles, intervenha, contribua.
- Participe de entidades de classe. Se possível, assuma com elas um compromisso de trabalho, seja com cargos ou não.
- Construa relacionamentos com outras pessoas de seu segmento e fora dele. Faça um trabalho de networking.

Estes são apenas alguns exemplos de como botar a boca no trombone e se fazer conhecer. O que está esperando? Comece hoje mesmo.

DESAFIO

Para nascer o conhecido, mate o recluso e o inibido!

Sorte ou azar?

"É curioso como as contrariedades afetam de maneira diferente as pessoas. Elas são como o calor que azeda o leite, mas adoça as maçãs."

THOMAS EDISON

CARLINHOS ERA O LAVADOR de carros da maior loja de veículos do bairro. Ao lado da loja havia uma grande empresa. A fachada principal era decorada com um jardim belo e bem cuidado. Tiago, amigo de Carlinhos, era o jardineiro desta empresa. Os dois eram bem jovens, na faixa dos 16 anos de idade. Trabalhavam desde pequenos para ajudar suas famílias.

Num sábado pela manhã, por volta das 7 h, Carlinhos estava chegando ao trabalho, junto com o amigo Tiago. Cada um se dirigiu à sua empresa para pegar no batente, como gostavam de dizer. Não demorou mais do que 15 minutos e começou a cair uma chuva forte. Carlinhos olhou desolado para o pátio de carros, pois havia limpado os veículos no fim do dia anterior. Com toda aquela chuva, precisaria enxugar todos novamente para quando os clientes começassem a chegar, por volta das 8 h. Praguejou: "Droga! Isto é hora de cair uma chuva dessas? Imagine agora o trabalhão. Eu sou mesmo um azarado!"

Na empresa ao lado, Tiago estava sentado embaixo da marquise de entrada, contemplando a chuva e agradecendo aos céus por ela ter chegado em tão boa hora. Afinal, seu trabalho era exatamente aguar todo o jardim, a grama e as plantas. Dizia: "Que chuvinha boa. Isto é que é sorte. Agora, é só torcer para que ela demore mais um pouquinho, molhe bem a terra, e meu trabalho estará pronto".

Já eram quase 10 h e nada de a chuva passar. A ansiedade de Carlinhos aumentava mais ainda. A loja fechava às 13 h, aos sábados. "E se esta chuva só parar às 11 h? Terei de enxugar tudo? Só vou terminar perto da hora de ir embora. Será um trabalho perdido", lamentava. Enquanto isso, Tiago, agora deitado, não podia estar mais feliz. Com a continuidade da chuva, já não era mais preciso aguar todo o extenso jardim.

A chuva não dava sinais de parar. Na verdade, começou a ficar cada vez mais forte. Já era meio-dia quando Tiago, o jardineiro, começou a notar que a força da correnteza da água estava começando a criar alguns sulcos na terra, levando algumas das mudas de flores que tinham sido plantadas naquela semana. Notou também que não tinham consertado o sistema de captação de água do telhado, e uma bica despejava água na grama da frente, formando um grande buraco. Por volta das 13 h, hora de fechar a loja de carros, foi que a chuva começou a parar. Foi parando, parando, até se interromper, totalmente. Carlinhos ia saindo da loja feliz da vida, em direção à empresa do amigo. Sempre voltavam juntos para casa. E disse: "Tiago, viu a chuva? Só parou agora, e nem precisei enxugar os carros. Agora, só na segunda-feira. Passei o dia todo parado. Isto é que é sorte!" No que Tiago respondeu: "Sorte? Só se for para você. Olhe para o meu jardim. Todo esburacado, com as flores derrubadas. Isto é que é azar!"

Os fatos, por si, não são bênção nem maldição. Não são sorte nem azar. Tudo depende de como são interpretados ou recebidos. É sua atitude, positiva ou negativa, que determinará as conseqüências que os fatos trarão para sua vida. É uma questão de escolha. Você não pode determinar os fatos — eles ocorrem por forças que estão além de sua capacidade de decidir. Mas está ao seu alcance determinar como interpretá-los e como eles afetarão sua vida. Eles podem adoçá-la ou azedá-la.

> **!** *Os fatos, por si, não são bênção nem maldição. Não são sorte nem azar. Tudo depende de como são interpretados ou recebidos. É sua atitude, positiva ou negativa, que determinará as conseqüências que os fatos trarão para sua vida.*

Quanto aos vendedores da loja, estes já tinham aprendido sobre o conceito da interpretação dos fatos. Aproveitaram que a maioria dos clientes ficou em casa e ligaram, fazendo prospecção e marketing de relacionamento. Vários clientes contatados foram à loja no dia seguinte, domingo, e fecharam bons negócios. O gerente da loja, na reunião do fim do dia, afirmou aos vendedores: "Quem dera todo sábado tivesse uma chuvinha dessas".

DESAFIO

Para nascer o otimista, mate o sortudo ou o azarado!

A **culpa** é **minha**!

"Você pode falhar muitas vezes, mas só realmente será um fracasso quando começar a culpar os outros."

KNOX MANNING

HÁ ALGUM TEMPO, quando minha filha estava com 11 anos de idade, aconteceu um episódio interessante. Camila tirou uma nota muito baixa na escola e tentou esconder a verdade. O diálogo foi mais ou menos assim:

— Filha, qual foi a nota da prova de ontem?

— Foi boa, foi boa.

— Mas qual foi a nota, minha filha? — insisti, percebendo que havia algo diferente em sua voz.

— Ah, pai, foi boa, por quê?

— Camila, pela última vez, qual foi a nota de sua prova?

— Foi... Foi... Foi 5, mas teve gente que tirou 2 e 3 — respondeu, desconfiada.

— Mas, minha filha, alguém tirou nota 8 ou 9?

— Sim, mas poucos alunos — respondeu, tentando fugir da responsabilidade.

— Filha, veja bem. Você tira 5 e usa o resultado inferior dos colegas para justificar sua nota, ao invés de olhar para os que foram melhor e se espelhar neles. Diga para mim: o que aconteceu?

— Olha, pai, o professor é horrível!

— Mas é o mesmo professor de seus colegas que tiraram boas notas?

— É, pai, mas ele gosta mais deles do que de nós! — tentou escapar, mais uma vez.

— Filha, esta não é uma boa resposta. Diga o que aconteceu para você tirar esta nota baixa.

— Está bem, pai. Eu estudei pouco, foi por isso que tirei nota baixa.

— Ah, agora sim. E o que você vai fazer daqui para a frente?

— Vou estudar mais, é claro!

— Mas o que você vai ter de fazer de diferente para conseguir estudar mais? Você acha que vai conseguir estudar mais se continuar com a mesma rotina que leva depois que chega da escola?

— O senhor está certo. Não vou mais ficar assistindo à televisão antes de começar a estudar. Primeiro, vou estudar o que preciso, e só depois, se sobrar tempo, vou assistir à TV.

— Agora sim, filha, você compreendeu. Não adianta ficar tentando encontrar desculpas para os nossos erros. O melhor que fazemos é assumir todos de frente, reconhecer nossa culpa e traçar um plano para evitar que ocorram de novo. Você entendeu, filha?

— Entendi, pai. Não vai mais acontecer — respondeu Camilinha, com um olhar sério, de alguém que estava comprometida realmente com a mudança.

De fato, desde este episódio, ela nunca mais apresentou problemas de boletim, apesar de não exercermos qualquer pressão. Ela se tornou uma aluna muito aplicada, e está entre as melhores da sala.

Moral da história: jamais cresceremos ou mudaremos nossos hábitos em direção ao nosso aperfeiçoamento enquanto insistirmos em transferir para os outros — para o mundo, para o sistema, até para Deus — a responsabilidade de nossos erros e falhas. Desde que o mundo existe, esta é uma prática comum do ser humano. Ainda no Gênesis (capítulo 3), vemos o empurra-empurra de responsabilidades entre Adão e Eva. Deus pergunta ao homem por que comeu o fruto proibido. Ele responde que foi a mulher que ofereceu. Quando Deus pergunta à mulher o motivo da desobediência, ela acusa a serpente. Ou seja, "qualquer um, menos eu".

O velejador não reclama que o vento está contra sua rota; simplesmente ajusta as velas porque sabe que transferir a culpa para o vento não ajudará em nada no objetivo de chegar a seu destino.

O velejador não reclama que o vento está contra sua rota; simplesmente ajusta as velas porque sabe que transferir a culpa para o vento não ajudará em nada no objetivo de chegar a seu destino. Errou? Então assuma, mude, corrija e cresça!

DESAFIO

Para nascer o responsável, mate o acusador!

"**Veja** com seus próprios **olhos**"

"Fazer bons negócios é ver primeiro."

Aristóteles Onássis

ALGUÉM JÁ RECOMENDOU a você que visse algo "com os próprios olhos"? Já viu alguém garantir ser verdade um fato ocorrido porque viu "com os próprios olhos"? É provável que você já tenha passado por uma situação dessas, seja em casa, entre amigos ou no trabalho. Mas já parou para pensar sobre a frase do título desta parte do livro? Faz algum sentido dizer que alguém deve ver algo com os próprios olhos? Por acaso, existe a possibilidade de ver alguma coisa com os olhos dos outros? Na verdade, existe. Vejamos a importância desta afirmação para sua vida e os riscos que você corre quando age assim.

Grande parte das pessoas tem procurado compreender fatos, situações ou problemas olhando para eles sob o ponto de vista dos outros. É lógico que jamais verão o fato como ele realmente é, mas a versão percebida por quem viu. Esta versão, por sua vez, pode ou não ser fiel ao fato. Naturalmente, diante de situações de decisão, é importante considerar a visão de outras pessoas sobre os problemas ou fatos. Muitas vezes, elas enxergam aspectos do problema que não conseguimos perceber, seja por desconhecimento técnico ou por jamais ter passado por experiências anteriores que pudessem gerar uma referência para comparação. Estas referências servem como balizamento para julgar fatos novos. Até aí, tudo bem.

Mas, sempre que possível, evite chegar a conclusões baseando-se apenas no que os outros viram, mesmo considerando a visão deles imprescindível. O ideal é que você também enxergue as circunstâncias com os próprios olhos. Infelizmente, costumo ver muitos presidentes de empresas, diretores, gerentes, chefes, supervisores ou encarregados ignorar esta prática. Esquivam-se de descer ao chão da fábrica, de caminhar pelo almoxarifado, de receber e conversar pessoalmente com clientes e consumidores da empresa, de ir à rua em busca da realidade.

Era louvável a atitude de certo secretário municipal de São Paulo. Ele fazia passeios regulares nos ônibus urbanos para checar, com os próprios olhos, a qualidade do serviço que a população estava recebendo.

Sempre que podia, o saudoso comandante Rolim Adolfo Amaro, presidente da TAM, recebia clientes à beira da escada, na porta do avião. Eventualmente, fazia até o serviço de bordo, além de atender algumas ligações que clientes faziam para o Serviço de Atendimento ao Cliente da empresa. Por que fazia isso? Para ver com os próprios olhos. Para sentir na pele o que seus colaboradores sentiam.

Para entender melhor como os processos se desenvolviam. Para enxergar melhor.

Isso vale também para nossas casas. Dizer aos filhos que eles devem fazer o dever de casa é uma coisa; ver com os próprios olhos a dificuldade que eles enfrentam e sentar-se ao lado para ajudar é outra. Nada como ver com os próprios olhos as dificuldades das donas de casa quando vão ao supermercado ou precisam cuidar dos filhos e deixar a casa em ordem para entender como são injustos os homens que reclamam que elas nunca estão prontas na hora em que desejam sair para um passeio, por exemplo.

> **!** *Evite chegar a conclusões baseando-se apenas no que os outros viram, mesmo considerando a visão deles imprescindível. O ideal é que você também enxergue as circunstâncias com os próprios olhos.*

Se você quer ter uma perfeita visão dos fatos ou dos problemas, não hesite: faça o esforço necessário para vê-los com seus próprios olhos.

DESAFIO

Para nascer o observador atento, mate o cego indolente!

Aprendizado

Com a mente renovada, é chegada a hora de abri-la para novos aprendizados. Aceite uma verdade: crescer significa aprender. Aqueles que desistiram de aprender optaram pela obsolescência, pelo ostracismo, pela mediocridade. Se você deseja continuar crescendo, se renovando, melhorando, deve aprender a desaprender, ou a aprender de novo, aprender o novo. Mas não esqueça: mate um pedacinho de você — a porção acomodada — para aprender a ser a pessoa que tanto deseja.

Quer **discernir** entre o **certo** e o **errado?** **Foque** nos **princípios**

"O universo não é idéia minha.
A minha idéia do universo é que é idéia minha."
FERNANDO PESSOA

EU ESTAVA ASSISTINDO a um desenho animado na TV com meu filho Mateus. Ele ainda era pequeno, tinha uns 5 anos. Fui atender ao telefone e pedi que ele desligasse o som da TV. Quando terminei a ligação, ele correu para a televisão e apontou para o texto mostrado na tela.

— Pai, olha aqui meu nome.

— Onde, Mateus?

— Bem aqui, olha — disse, apontando para a palavra "mute", que indicava o som desligado.

Explíquei para ele que aquelas eram apenas algumas letras de seu nome. Faltavam o "a" e o "s", além de não estarem na ordem certa. Por isso, a palavra não representava o seu nome. Depois, parei e refleti sobre o que poderia aprender com aquela situação. E percebi duas coisas.

Primeiramente, entendi que, muitas vezes, temos os recursos certos em nossas mãos, mas não alcançamos nossos objetivos porque insistimos em utilizá-los da forma errada, fora da ordem ou inadequadamente. No caso de meu filho, não era pelo simples fato de as letras estarem lá que formariam o seu nome. Precisavam estar na ordem certa. No dia-a-dia, muitas vezes queremos apertar porcas com martelos e fixar pregos com alicates. Pode até dar certo, mas o resultado obtido não é o melhor. Na prática, pare de elaborar tabelas no Word e textos no Excel. Use os recursos adequadamente e obtenha o máximo de suas ações.

Em segundo lugar, observe que, quando não temos a referência do que é certo, muitas vezes olhamos para fatos, pessoas ou processos e nos convencemos, equivocadamente, de que estamos diante da verdade. Pura miragem, produto de uma visão limitada e concebida a partir de informações insuficientes. No caso de meu filho, ele errou na identificação de seu nome pelo fato de não ter a referência certa. Viu que as letras eram as mesmas e já foi concluindo que se tratava de seu nome.

A melhor forma de aprender a identificar uma cédula falsa é estudando profundamente a verdadeira. Lembre-se de que os falsificadores estão constantemente evoluindo e mudando as formas de falsificação. Sendo um profundo conhecedor da cédula verdadeira, você sempre terá a referência certa para comparar o que vê e avaliar se está diante da verdade ou da mentira, do certo ou do errado.

"Mas existe uma referência verdadeira na qual possamos realmente acreditar?", você pode perguntar. De fato, em se tratando de ciência, economia, sociologia, medicina, política, tecnologia, marketing ou vendas, sempre encontraremos correntes, exemplos ou idéias que apontam nas mais variadas direções, principalmente se considerarmos que todas essas formas de conhecimento estão em constante mutação. Mas existe uma coisa imutável: os princípios.

Observe a invariabilidade dos princípios da natureza. Os corpos caem; o contato gera atrito; a água congela, evapora e liquefaz, e assim por diante. Da mesma forma que acontece na natureza, os princípios que regem todas as formas de conhecimento que citei não mudam, são constantes. Portanto, não tome correntes, idéias ou exemplos como referências para avaliar o cotidiano. Somente quando você se vale de princípios é que está devidamente capacitado para fazer a avaliação correta e sensata do que vê.

Uma vez compreendido o princípio, e tomando-o como referência, é fácil evoluir no aprendizado e na avaliação dos fatos com a segurança de quem não está concluindo somente a partir do que os olhos vêem, mas também a partir das lógicas que estão — ou deveriam estar — por trás do que é visto.

Se meu filho tivesse usado os princípios de nossa língua, saberia que aquela palavra não representava seu nome. Evidentemente, ele não os conhecia. Na prática, isto significa que quando aprendemos algo, devemos conhecer os princípios que regem o que estamos aprendendo, e não somente as idéias ou os exemplos apresentados.

Já notou que a maioria dos programas de computador usa os mesmos princípios? Abra ou crie um arquivo, edite, salve, imprima e feche. Isto vale para Word, Access, Excel, Powerpoint, Publisher, Autocad, Imposto de Renda e tantos outros. No caso de vendas, há várias formas de se abordar um cliente, mas existe um princípio básico: a necessidade de despertar interesse através de uma conversa inicial rápida e impactante, capaz de levar o cliente a pedir que o vendedor apresente o produto.

Uma vez compreendido o princípio, e tomando-o como referência, é fácil evoluir no aprendizado e na avaliação dos fatos com a segurança de quem não está concluindo somente a partir do que os olhos vêem, mas também a partir das lógicas que estão — ou deveriam estar — por trás do que é visto. Em uma de suas cartas aos coríntios, Paulo faz uma afirmação reveladora: "Não olhamos para aquilo que podemos ver atualmente, as dificuldades que nos rodeiam, mas olhamos para a frente, para as alegrias do céu que nós ainda não vimos. As aflições logo desaparecerão, mas as alegrias futuras durarão eternamente" (II Coríntios 4:18). Para focar nos princípios, é necessário enxergar o que não se vê, o que está abaixo da linha da água ou acima da linha do céu. Fazendo isto, estaremos muito mais próximos de discernir o que é certo do que é errado.

DESAFIO

Para nascer o sábio, mate o superficial!

Quase **sobrei** na **curva**

"Só existe uma coisa mais dolorosa
do que aprender com suas experiências:
é não aprender com elas!"
ARCHIBALD MCLEISH

COSTUMO AFIRMAR QUE a vida nos ensina todo dia, e que só aprendemos com ela se nos dispusermos a isto. Quero compartilhar com você duas lições valiosas aprendidas a partir de um pequeno problema pessoal.

Foram quase dois meses de convívio com um pequeno barulho na traseira de meu carro. Incomodava um pouco. Mais ainda quando alguém ocupava os bancos de trás ou havia alguma carga no porta-malas. Era um som típico de amortecedor desgastado. Além disso, os dois pneus da frente já estavam gastos e precisavam ser trocados.

Tive de viajar no meio da semana para a cidade onde meus pais moram, no interior de São Paulo, para participar das celebrações da festa do município, assistir à outorga do título de Cidadã Local para minha mãe e lançar meu primeiro livro. No dia anterior à viagem, que faria de carro, decidi que resolveria o problema do carro. Por que deixei tudo para o último dia? A resposta é clara: negligência e procrastinação.

Fui em busca da solução para os dois problemas: amortecedor e pneus. Mal sabia que ali se iniciaria um périplo que resultaria numa bela lição. Primeiramente, fui a uma empresa de venda e instalação de pneus e amortecedores. Só tinham os pneus. Disseram que os amortecedores do carro, um Renault Scénic, só seriam encontrados na concessionária, que fechava em horário de almoço. Esperei pelo expediente da tarde. Ao chegar lá, descobri que uma antiga concessionária da marca vendia as mesmas peças, originais, por quase a metade do preço. Deixei o carro na loja de pneus para ganhar tempo, comprei os quatro amortecedores e voltei. Os pneus já estavam trocados. Estava satisfeito, pois havia feito uma grande economia.

Passamos ao problema dos amortecedores. Ao levantar o carro, o mecânico constatou que o amortecedor estava perfeito. O ruído vinha do escapamento frouxo, que eu havia trocado havia menos de três meses! Naquele instante, senti-me o maior dos bobos. Quatro amortecedores na mão sem a menor necessidade. A situação ficou menos mal porque liguei para a loja de peças e consegui devolver a mercadoria e receber o dinheiro de volta. Mas não havia como recuperar todo o tempo investido numa tarefa desnecessária.

Mas uma coisa eu não perdi nessa experiência: a lição. Na verdade, duas.

Primeiramente, a de que minha motivação para consertar o carro não foi a viagem, mas o risco que estaria correndo se a fizesse naquelas condições. Esta motivação já estava dentro de mim: a preservação de minha vida. Meu erro foi esperar que algo externo estimulasse este motivo para que agisse. A mensagem é clara: existem dentro de nós os motivos, as razões que podem nos levar a tomar medidas que sabemos ser necessárias. Nosso erro — que foi o meu — é não considerar estas razões no tempo certo, deixando que circunstâncias externas disparem os motivos que já estão em nós.

Existem dentro de nós os motivos que podem nos levar a tomar medidas que sabemos ser necessárias. Nosso erro é não considerar estas razões no tempo certo, deixando que circunstâncias externas disparem as razões.

Voltei de viagem e, sem precisar de uma razão externa, fiz valer meu próprio conforto (motivação interior), mandando consertar a ventilação do ar condicionado de meu carro. Depois, mandei verificar o motivo de um pequeno ruído no banco traseiro. Já notou que, muitas vezes, passamos anos com algo que precisa de conserto (carro, casa etc.), nos incomodando, e somente quando precisamos vender este bem é que fazemos o que deveria ter sido feito há muito tempo, como se não déssemos a nós mesmos o valor que merecemos?

A segunda lição que aprendi foi que todo o trabalho foi resultado de um erro típico de muitos de nós: a automedicação. Desprovido de um diagnóstico preciso, agi com base em suposições. E não faltou quem me alertasse: "É o escapamento!" Preferi não dar ouvidos e seguir minha intuição. Deu no que deu. Paguei o preço. Transporte isso para as empresas e para sua vida pessoal e verá o risco que está correndo, assim como eu corri.

Em meus negócios, não ajo da mesma forma. Sempre escuto o máximo possível e procuro ver as situações de todos os ângulos imagináveis. Às vezes, sou cabeça-dura em minhas coisas, e aí sofro as conseqüências, como na situação que narrei. Aprendi a lição: surgiu um problema, levo para que um especialista dê o diagnóstico. Para não sobrar na curva da vida, pare de seguir somente suas suposições. Dê ouvido aos especialistas e diagnostique antes. É como instrui Salomão, no livro de Provérbios: "O tolo sempre acha que sua opinião é a única certa, mas o sábio ouve os conselhos com atenção" (12:15). Precisamos compreender que o erro é admissível. Inadmissível é não aprender com ele.

DESAFIO

**Para nascer o aprendiz,
mate o presunçoso!**

A **vida** não é um eterno **aprendizado**

"Experiência é aquela coisa maravilhosa que possibilita a você reconhecer um erro quando o comete de novo."
FRANKLIN P. JONES

IMAGINO QUE VOCÊ já deve ter ouvido, várias vezes, a idéia de que a vida é um eterno aprendizado, e somos eternos aprendizes. É uma pena que isto não seja uma verdade. O simples fato de viver não nos faz aprendizes de nossas experiências. A vida é, na verdade, um eterno ensinamento, e pouca gente toma a decisão séria e necessária de aprender com ela. Recorreremos à informática para entender este fenômeno. Acompanhe a idéia.

Imagine que seu cérebro seja um computador, e a área reservada para sua memória é o disco rígido. A área responsável pelas conexões neurais, pelo pensamento, é o seu processador. É ela que manda comandos à memória e resgata arquivos (experiências vividas, conceitos e valores, referências, diários etc.) necessários para a formulação de seus pensamentos, que nada mais são do que um conjunto de idéias. Há arquivos que precisam de senha para ser editados, apagados, corrigidos ou acrescidos. São os considerados somente leitura.

Pois bem, em nossas mentes temos arquivos somente leitura e arquivos editáveis. Os arquivos somente leitura são constituídos de imagens e cenas que guardam nossas experiências. Este tipo de arquivo não pode ser apagado, editado, corrigido. Fatos são fatos. O fenômeno interessante é que também guardamos arquivos editáveis, que guardam todas as nossas interpretações sobre aquelas imagens, nossas experiências de vida. Para cada fato existe um arquivo editável, que registra sua leitura, sua interpretação sobre o fato.

Entendamos bem o contexto. Ao assistir a uma aula, todo o conhecimento assimilado é colocado em um arquivo editável de nossas mentes. Partes dele podem ser apagadas, corrigidas e acrescidas à medida que se adquirem novos conhecimentos — por exemplo, um arquivo que guarde conceitos e idéias sobre liderança. Por outro lado, todos os fatos relativos à aula, às cenas, às brincadeiras, à postura do professor são imagens guardadas em arquivos somente leitura. Portanto, não são passíveis de edição. Um fato é um fato e pronto. Ele fica lá guardado, imutável. Às vezes, até esquecemos onde guardamos estes arquivos. Pensamos que são cenas apagadas da memória. Não é verdade. Elas continuam lá. Apenas estão escondidas, e quando remexemos a mente, acabamos por encontrar esses arquivos, essas cenas, essas imagens e filmes.

Mas, há também outros arquivos de texto que funcionam como diários, anotações mentais sobre fatos alusivos àquela aula. É nele que estão suas interpretações. Exatamente porque são editáveis — e graças a Deus por isso —, você pode reinterpretar os fatos. Eles continuam os mesmos, são passado, mas sua interpretação pode mudar.

Os últimos arquivos de nossos discos rígidos — nossas mentes — são os executáveis ou aplicativos. Eles regem nossas condutas, nossas posturas, nossos hábitos. São responsáveis por nosso aprendizado. Voltando ao contexto da aula: se os arquivos editáveis, que acumulam o conhecimento, não forem transformados em programas executáveis, jamais proporcionarão o aprendizado. Ou seja, é preciso escrever mentalmente um novo programa sobre aquele conhecimento, um novo jeito de fazer as coisas, de fazer a leitura dos fatos, para se dizer que algo foi efetivamente aprendido daquilo que foi assimilado.

> *Conforme vivemos, criamos em nossas mentes arquivos somente leitura (imagens, cenas, fatos) e arquivos editáveis, que acumulam as experiências. Mas enquanto não transformarmos estes arquivos em arquivos executáveis, as mudanças não virão, nem os resultados.*

É exatamente por isso que a vida não é um eterno aprendizado, mas um eterno ensinamento. Conforme vivemos, criamos naturalmente, em nossas mentes, arquivos somente leitura (imagens, cenas, fatos) e arquivos editáveis, que acumulam as experiências. Mas enquanto não transformarmos, pela própria vontade, estes arquivos em arquivos executáveis, as mudanças não virão, nem os resultados.

Você sabe quais os tipos de alimento que engordam mais e quais os hábitos alimentares prejudiciais. Tudo isso está armazenado em sua mente. No entanto, enquanto não se transformar num programa, você não fará nada a respeito do que assimilou, do que passou a saber. Quantas vezes, em cursos e palestras, você descobriu alguma nova técnica e não a transformou em um arquivo executável, capaz de transformar seus hábitos?

> *O ensinamento não fica registrado como pintura, mas como a imagem em um espelho. Para saber como ele é, precisará contemplá-lo novamente, pois os seus frutos não são vistos permanentemente, e assim são facilmente esquecidos.*

Pense nesta hipótese: você vê um chefe ridicularizando um colaborador na frente de outros colegas e guarda aquela imagem em um arquivo somente leitura; automaticamente, grava a interpretação daquele fato (no caso, desaprovação) num arquivo editável; e mesmo tendo aprendido sobre o significado da boa liderança numa palestra que freqüentou, faz com seu subordinado a mesma coisa que condenou na cena que presenciou. Ou seja, não reescreveu seu programa sobre relacionamento com liderados. Não aprendeu coisa alguma com a cena que viu, com o julgamento que fez nem com a palestra a que assistiu. O problema é que você não decidiu fazer um novo programa, nem se comprometeu a utilizá-lo. Já notou as inúmeras vezes em que as empresas instalam novos programas de software e os colaboradores insistem em usar os antigos? É a mesma coisa.

O ensinamento não fica registrado como pintura, mas como a imagem em um espelho. Para saber como ele é, precisará contemplá-lo novamente, pois os seus frutos não são vistos permanentemente, e assim são facilmente esquecidos.

Não se iluda. Sua vida e suas experiências somente serão oportunidades de aprendizado se você reescrever seus programas, aqueles aplicativos responsáveis por seus hábitos, e executá-los. Não adianta negar: você é o que você faz, e não o que diz ou pensa. Reprograme-se!

DESAFIO

Para nascer o realizador, mate o inoperante!

"**Zebra**" ou zona de **conforto**?

"O importante é mudar sempre, mesmo que estejamos crescendo e ganhando o jogo."

MASAAKI IMAI

NO FUTEBOL, quando um placar esportivo contraria todas as expectativas, costumamos dizer que "deu zebra". Não sei quantos se lembram, mas, há alguns anos, era um personagem inspirado neste animal que, no programa Fantástico, da TV Globo, anunciava os resultados da então chamada Loteria Esportiva, hoje quase extinta. A origem do termo está no jogo de bicho: a zebra não figura entre os 25 animais que representam os grupos de números. Portanto, é um resultado com o qual ninguém conta.

É importante entender que a palavra *zebra*, em seu sentido não-literal, só se aplica quando existe um favorito para ganhar o jogo. Repetidas vezes, alguns comentaristas disseram que a Copa do Mundo de Futebol de 2002 foi a "copa das zebras". Faziam esta afirmação referindo-se à eliminação dos times da França e da Argentina, logo na primeira rodada, e à derrota da Itália para a Croácia.

Com certeza, você já ouviu alguém comentar: "Deu zebra!" É interessante observar como o termo é utilizado também fora dos esportes, inclusive no mundo corporativo, que é o nosso foco de interesse nesta reflexão. Às vezes, o trabalho que tinha tudo para dar certo e ser entregue a tempo dá zebra. As vendas que andavam ótimas, e que indicavam potencial para quebrar recordes, deram zebra! O contrato que estava para ser fechado foi perdido, na última hora, para um concorrente menor, de pouca expressão: zebra pura! A promoção que já estava no papo foi perdida para um recém-chegado na empresa porque a zebra estava solta!

Minha pergunta para você é simples: hoje em dia, num mundo globalizado como o que vivemos, imersos na era do conhecimento democratizado e disseminado pela internet, será que ainda existe espaço para falar em zebra? Penso que não. Acredito que a zebra corporativa ou profissional seja uma desculpa quando não queremos aceitar o fato de que o indesejado ou o imponderável é absolutamente provável e possível. Na maioria das vezes, a zebra é um resultado previsível, mas desprezado por quem superestima suas virtudes e ignora que a concorrência é capaz de fazer algo tão bom ou melhor.

A idéia de favoritismo, do tipo "está no papo", é extremamente nociva para o profissional, pois leva à acomodação, a achar que o estado de excelência foi alcançado. E quando vem o resultado adverso, mas absolutamente possível, culpa-se o acaso. Tira-se a coitada da zebra da selva para usar como justificativa. Ao classificar como zebra um resultado contrário ao que você esperava, você admite que existia um favorito no jogo — no caso, você mesmo. Aí é que reside o perigo. Hoje em dia, é necessário admitir a democratização

- **do conhecimento** — Harvard é logo ali; a bem da verdade, a um clique de distância;
- **das práticas campeãs** — não há mais segredos operacionais ou industriais;
- **dos recursos tecnológicos** — a armazenagem de dados informatizados está cada vez mais barata e acessível.

Estes fatores são cruciais na redução do fosso que antes separava os grandes dos pequenos, os ricos dos pobres, os amadores dos profissionais, os experientes dos novatos, os favoritos das zebras. E é exatamente por isso que, tanto no futebol quanto no mundo corporativo, não existe mais favoritismo. Assim sendo, não podem existir mais zebras. Hoje, seu concorrente direto pode estar no interior do Estado, instalado em uma garagem. Ou pode ser uma jovem recém-formada, ainda sem experiência. Aceitar esta idéia fará você sair da zona de conforto que, até então, pode ter sido

> ! *Na maioria das vezes, a zebra é um resultado previsível, mas desprezado por quem superestima suas virtudes e ignora que a concorrência é capaz de fazer algo tão bom ou melhor.*

a grande responsável por sua estagnação. Lembre-se de que, nos dias atuais, você não pode vencer usando as glórias conquistadas no passado (em caso de dúvida, ligue para algum jogador derrotado de um time glorioso).

O que lhe garante que você, hoje, continuará vencendo, sendo promovido, vendendo mais? Duas pequenas coisas: 1) ter consciência de que seus concorrentes estão cada vez melhores e 2) compreender que, por isso, é preciso constante evolução e aprimoramento. Fazendo assim, você admitirá que o resultado negativo, ou até mesmo a queda, são perfeitamente possíveis, prováveis. Sairá da zona de conforto que leva ao "já ganhou", se preparará para evitar percalços e deixará de acreditar que a zebra anda solta. O lugar dela é no pasto ou no zoológico. O seu é no topo. Faça por onde.

DESAFIO

Para nascer o preparado, mate o "já ganhou"!

Produtividade

Não adianta ignorar o fato: o mundo moderno exige que estejamos sempre preparados para fazer mais, melhor e em menor tempo. A isto chamamos "produtividade". E se você quiser vencer e liderar, terá de aprender a ser produtivo, combativo, eficiente. Agora que já aprendeu a mudar a mente e a forma de aprender, é hora de colocar tudo em prática, produzindo mais e melhor. E não hesite em morrer um pouquinho para realizar muito mais.

"O **tempo** passou tão **rápido**!"

"Não diga que você não tem tempo suficiente.
Você tem por dia exatamente o mesmo número de horas
que foram dadas a Pasteur, Michelangelo, Madre Teresa,
Leonardo da Vinci, Thomas Jefferson e Albert Einstein."

H. Jackson Brown Jr.

É CERTO QUE, em algum momento da vida, você já tenha feito a seguinte afirmação: "Nossa, como o tempo passou rápido!" Evidentemente, você e eu sabemos que as horas e os minutos são os mesmos, independentemente do dia ou da situação experimentada. Um minuto sempre terá 60 segundos, e uma hora sempre terá 60 minutos. Mas como explicar a sensação de que o tempo passa mais rápido ou mais devagar? Antes de explicar e ver como isto afeta seu desempenho, imagine os seguintes casos:

1. Tome o elevador do prédio onde mora, ou de um edifício comercial, e suba ou desça olhando atentamente, no display luminoso, os números dos andares. Depois, pegue o mesmo elevador, só que lendo alguma coisa interessante, um jornal ou um

livro. Em qual das duas situações o elevador custa mais para chegar ao andar desejado?

2. Pare num semáforo e, olhando atentamente, espere que mude para o verde. Repita a experiência, desta vez lendo uma reportagem interessante. Em qual das situações o semáforo leva mais tempo para mudar?

3. Por fim, imagine-se sentado sozinho em uma praia ou à beira de um lago, olhando para o horizonte. Programe o relógio ou despertador para soar uma hora depois e espere. Nas mesmas condições, faça a mesma coisa, só que acompanhado de alguém interessante, conversando. Adivinhe em qual das duas situações o tempo parece passar mais depressa.

É muito provável que a sensação seja de que o tempo passa mais rápido no segundo cenário sugerido de cada um dos casos acima, certo? Então, qual seria a explicação para o fenômeno, se o tempo é o mesmo em todos? A resposta mais óbvia seria dizer que, no segundo cenário dos casos apresentados, você estaria envolvido em algo, fazendo alguma coisa, e não apenas esperando o desenrolar dos fatos, sem fazer nada. Parece ser isto, mas não é esta a explicação. Se assim fosse, como explicar o fato de tantas pessoas se sentirem entediadas, sem ver o tempo passar, mesmo quando estão em plena atividade, só que ocupadas com trabalhos que não gostam de fazer? Da mesma forma, por que o tempo parece não passar quando, mesmo fazendo o que gostamos, estamos desestimulados ou desmotivados? A resposta é simples: não estamos usando o tempo com qualidade, nem colocando qualidade no tempo que usamos.

O grande segredo para tornar a vida vibrante e ativa, fazendo o tempo passar rápido, é envolver-se com atividades onde é possível colocar o coração e a mente, aproveitando melhor o tempo, como recomenda o apóstolo Paulo em Efésios 5:15, 16: "Portanto, sejam cuidadosos no seu modo de proceder; os dias atuais são difíceis. Não sejam insensatos; sejam sábios: aproveitem ao máximo cada oportunidade que tiverem de fazer o bem". Enquanto você estiver realizando atividades onde somente o seu corpo está presente, mas sua mente vagueia pelos lugares ou situações em que gostaria realmente de estar, e seu coração (emocional) se sente abatido e triste, as horas simplesmente não passarão, todo esforço será visto como sacrifício e o que poderia ser uma experiência prazerosa e gratificante tornase algo entediante, muito parecido com o que chamamos "trabalho". O segredo para fazer o tempo passar rápido está em fazer o que se gosta, mas também — e principalmente — aprender a gostar do que se faz. E isto só se consegue dando dois passos simples:

> *O segredo para fazer o tempo passar rápido está em fazer o que se gosta, mas também — e principalmente — aprender a gostar do que se faz.*

1. Defina uma meta clara de crescimento profissional para sua vida, um sonho a ser alcançado, no qual você vislumbra sua realização pessoal.

2. Compreenda que o que está fazendo agora deixa você cada dia mais perto de sua grande meta, quer seja pelo incremento de seu conhecimento e aperfeiçoamento de suas habilidades — se já estiver trabalhando em sua área-fim —, quer pela conquista da independência financeira, que lhe permitirá, em breve, recomeçar no caminho que levará finalmente à realização de seus sonhos.

Se você não segue nenhum destes dois critérios, certamente as horas não passarão, o tempo ficará mais longo. E o pior você já sabe: este tempo malvivido não volta mais, é irrecuperável. Será que vale a pena viver assim? Certamente, não. Então mude, comece a fazer o que gosta e a gostar do que faz, e veja o tempo voar. Sinta aquela gostosa sensação que temos quando estamos fazendo algo no qual estamos plenamente envolvidos. Quando você menos esperar, o apito final soa, denunciando que o tempo acabou. Aí, então, fale com prazer: "Já? Mas foi tão rápido!"

DESAFIO

Para nascer uma pessoa que usa bem o seu tempo, mate o indiferente!

Aprenda a fazer o que você não **gosta**

"Se você não gosta de alguma coisa, mude-a. Se você não pode mudá-la, mude sua atitude. Não reclame!"

Maya Angelou

ACABAMOS DE CHEGAR à conclusão de que, para aprender a usar bem e com qualidade o tempo, é necessário gostar do que se faz, e não somente fazer o que se gosta. Agora vamos mais longe, mais alto. É hora de entender que os grandes campeões também precisam aprender a fazer bem — e muito bem — aquilo de que não gostam. Prepare-se para esta verdade.

Vamos separar bem dois elementos importantes em sua carreira profissional: o caminho e a caminhada. Fazendo uma analogia direta e objetiva, sua profissão é o caminho, enquanto o exercício de sua profissão é sua caminhada.

Continuando na analogia, sabemos que todo caminho tem começo, meio e fim. No início, está a universidade, o curso profissionalizante, o primeiro emprego. No meio, estão os vários pontos ou patamares intermediários, que representam as sucessivas conquistas realizadas ao longo de uma carreira. Um mestrado, uma promoção, um prêmio ou um campeonato não são fins, mas patamares intermediários. Uma vez alcançados, você os usará para buscar outros maiores. Esta é a lógica — ou, pelo menos, deveria ser. Supõe-se que uma carreira profissional seja sempre um caminho ascendente. Infelizmente, depois de uma grande conquista, alguns desistem de crescer e, a partir daquele ponto, começam a descer, contrariando a lógica de que viemos ao mundo para evoluir, para ir na direção ascendente.

Já o fim, como o próprio nome sugere, é o último ponto. Dali em diante, não existe mais estrada. Pode até ainda existir vida, mas não a profissional. Para alguns, o fim de uma carreira chega na aposentadoria ou na mudança de área de atuação (um jogador que virou técnico; um médico que virou empresário). Para outros, o fim de uma carreira só chega com a morte — enquanto existir sopro de vida, existirá razão para continuar a caminhada, a carreira.

Todos temos caminhos. A diferença básica entre os profissionais está em como cada um decide realizar sua caminhada. Alguns a fazem de forma trôpega, cansada, desinteressada, quase beirando a negligência. Outros são normais, caminham num ritmo padrão, preenchendo as expectativas do que se pode chamar de uma boa carreira. Já os campeões caminham, correm, voam com altivez, com impetuosidade, e estão sempre subindo, mesmo que por poucos momentos admitam que precisam descer, para depois continuar subindo sua montanha profissional. Aqueles que já fizeram trekking em subida sabem do que estou falando. São inúmeras as vezes em que somos forçados a descer para, logo à frente, retomar o caminho de subida, exatamente como na vida.

Muitos acreditam, equivocadamente, que são os obstáculos encontrados ao longo do caminho que influenciam o comportamento durante a caminhada. Tolice. Todos enfrentamos desafios, e eles são tão grandes quanto a exigência que fazemos de nós mesmos. Cruzar correndo um rio cheio de pedras é muito mais desafiador do que atravessá-lo andando. As pedras e obstáculos são os mesmos, mas o grau de dificuldade está relacionado ao modo de avançar. Não há tentação, provação ou obstáculo impossível de superar. Na verdade, nós é que definimos quão grandes eles são. Os obstáculos são proporcionais à nossa estatura, envergadura e ritmo de caminhada. Sendo assim, não se pode justificar que alguns desenvolvam uma caminhada pior do que outros por causa dos obstáculos que enfrentam no caminho. A razão de tal diferença de comportamento reside na motivação dos que caminham, no quanto gostam da idéia de caminhar e no quanto se sentem realizados e recompensados pelos frutos colhidos desta caminhada.

A diferença básica entre os profissionais está em como cada um decide realizar sua caminhada. Alguns a fazem de forma trôpega, desinteressada. Outros caminham num ritmo padrão, preenchendo as expectativas. Já os campeões caminham, correm, voam, e sempre estão subindo.

É indiscutível que obstáculo nenhum ao longo do caminho é suficientemente grande para impedir você de continuar caminhando, desde que goste da idéia de saber para onde este caminho leva. Agora vem o mais importante: é fundamental que você goste do caminho que tomou; caso contrário, qualquer obstáculo, por menor que seja, será suficientemente grande para fazer você desacelerar ou parar. Assim, mais importante ainda é que você decida fazer o que precisa ser feito, e não somente o que gosta, para chegar aonde deseja. Descer para depois subir é frustrante, mas absolutamente necessário, se você deseja continuar subindo.

> ! *Não se pode justificar que alguns desenvolvam uma caminhada pior do que outros por causa dos obstáculos. A razão de tal diferença de comportamento reside na motivação dos que caminham, no quanto gostam da idéia de caminhar e no quanto se sentem realizados e recompensados pelos frutos colhidos desta caminhada.*

É uma ilusão, uma falsa verdade quando os gurus das palavras fáceis tentam vender a idéia de que você deve sempre buscar fazer o que gosta. Está errado! Você deve caminhar para onde gosta. Mas deve também aceitar a idéia de que, para chegar lá, precisará dar vários passos, envolver-se com uma série de atividades que não gostaria de experimentar, mas que serão absolutamente necessárias para prosseguir e avançar. São obstáculos a serem transpostos, quebrados, superados, sem direito a desvios. Ou seja, você também precisará fazer o que não gosta para se mover e chegar aonde deseja.

Amo minhas profissões de consultor, vendedor e palestrante. Mas existe uma série de atividades nelas que detesto, para as quais preferia usar a tecla "esc", como num teclado de computador. Mas reconheço que não adianta brigar com o inevitável. Simplesmente digo para mim mesmo que, independentemente de gostar ou não delas, preciso realizá-las. Elas são absolutamente necessárias para eu chegar à próxima estação de minha caminhada. Simplesmente as faço da melhor forma possível, pois sei que, se não executá-las, estarei colocando em risco minha subida, minha realização, o sucesso de minha carreira.

E você, já escolheu o caminho de que gosta? Se a resposta é "sim", ótimo! Só lhe resta agora admitir que precisa aprender a fazer bem o que não gosta, caso deseje avançar neste caminho. Boa subida!

DESAFIO

Para nascer um campeão, mate o acomodado!

Os potes **furados**

"É graça divina começar bem. Graça maior persistir na caminhada certa. Mas a graça das graças é não desistir nunca."

DOM HÉLDER CÂMARA

UM FAZENDEIRO com fama de muito sábio precisava de um novo empregado em sua propriedade. Um jovem de aproximadamente 20 anos ofereceu-se para o cargo. Não sabia bem qual seria a função, mas como precisava do emprego, aceitou.

O fazendeiro pediu a ele que pegasse o burrinho com a cangalha, dois potes e buscasse água no rio, próximo da casa-grande, quatro vezes por dia: no começo e no fim da manhã, e no começo e no fim da tarde. Cada vez, por um caminho diferente. Nos intervalos, ele teria outras tarefas típicas de uma fazenda.

Um fato estava contrariando o rapaz: os dois potes tinham furos, e ao fim de cada viagem, ele chegava à casa-grande com água somente um pouco acima da metade.

Mesmo assim, a água era suficiente para encher as tinas da cozinha e dos banheiros.

Depois de três semanas cumprindo aquela rotina, ele tomou coragem e foi falar com o fazendeiro.

— Não entendo por que o senhor me manda pegar água no rio com os dois potes furados. Acho que estou trabalhando à toa, desperdiçando meu tempo. É um trabalho pouco produtivo. O senhor precisa dar um jeito nisto! — questionou, com firmeza.

— Meu jovem — respondeu o sábio fazendeiro —, veja bem: se você acha o trabalho de encher os potes por completo desnecessário, vire-se agora e olhe para os quatro caminhos. O que você nota de diferente, desde o dia em que chegou aqui?

— A única diferença é que estão nascendo flores ao longo dos quatro caminhos. Mas o que isto tem a ver com o meu trabalho? — questionou o rapaz, ainda sem entender.

— Na verdade, eu tinha estas duas tarefas para você: pegar água e aguar as flores que minhas filhas e minha esposa plantaram ao longo desses quatro caminhos. Seu trabalho foi muito útil, pois agora os caminhos têm muito mais vida. Parabéns! Você está indo muito bem!

O rapaz encolheu os ombros e saiu, refletindo. Entendeu que, muitas vezes, pensamos que nossas atividades nada significam, não trazem frutos, mas, na verdade, fazem uma grande diferença para o nosso crescimento ou para a satisfação de outros.

Precisamos entender que algumas tarefas aparentemente desprovidas de sentido são responsáveis por nosso aperfeiçoamento. Neste mundo em que tempo é dinheiro, queremos resultados rápidos, visíveis, instantâneos, mas não precisa ser necessariamente assim. Devemos esperar o tempo certo de colher os resultados do nosso aprimoramento. E ele só virá se, diligentemente, regarmos nossos caminhos enquanto caminhamos na direção de nossos alvos. Portanto, não hesite em continuar desenvolvendo aquelas tarefas que parecem chatas, entediantes, mas que, no fundo, aumentam sua produtividade e ajudam você a crescer.

Neste mundo em que tempo é dinheiro, queremos resultados rápidos, visíveis, instantâneos, mas não precisa ser necessariamente assim. Devemos esperar o tempo certo de colher os resultados do nosso aprimoramento.

!

DESAFIO

Para nascer o produtivo, mate o apressado!

Crescimento

Não faz o menor sentido Deus nos dar todos os recursos necessários para evoluir e crescer em todas as dimensões de nossas vidas se simplesmente abdicarmos deste privilégio. Fomos capacitados a crescer até o último sopro de vida. Se não mais fisicamente, podemos, até o último dia da existência, continuar evoluindo mental, emocional e espiritualmente. Mas, para isto, é preciso continuar morrendo, mudando e renascendo. É um projeto maravilhoso e contagiante. O que você está esperando?

O **fim** justifica os **meios**... ou o **contrário**?

"Fazemos planos para nossa vida, mas é o Senhor quem orienta os nossos passos."
PROVÉRBIOS DE SALOMÃO, 16:9

É CERTO QUE VOCÊ pouco avançará em sua vida, em qualquer de suas dimensões (espiritual, familiar, mental, física, social, profissional, financeira), se não assumir compromissos verdadeiros, genuínos, com a concretização de suas metas. É na hora de assumir os compromissos que vejo dois grupos de pessoas distintos: os que se comprometem com os fins e aceitam a idéia de usar vários meios para alcançá-los e os que se comprometem com os meios e chegam a fins nem sempre imaginados ou projetados, mas igualmente bons.

À primeira vista, parece-nos mais lógico aceitar que o correto sempre será nos comprometer com os fins, fazendo valer a máxima de que "o fim justifica os meios". Isto é absolutamente válido para aqueles que já têm um objetivo definido e traçado, e têm absoluta certeza de que aquele é o fim que desejam para suas vidas. Normalmente, estas são pessoas obstinadas, que miram em um alvo e caminham, correm com o foco bem definido sobre ele. O único risco que correm é o de, no fim, descobrir que o alvo ou o objetivo estava errado. Ou seja, ficaram tão obcecadas em atingir o alvo traçado que não se permitiram ver que, na verdade, num determinado momento de sua trajetória, a estrada bifurcou, e deveriam ter tomado outro rumo.

> *Como a natureza, a vida é regida por princípios. Um deles é que, quanto mais empenho, fervor, dedicação e obstinação no aprendizado de uma nova tarefa, melhor será o fim alcançado, independentemente do compromisso com os meios ou com os fins.*

Mas existe outro grupo de pessoas que entra em certas atividades ainda sem ter, ao certo, um fim definido. Estas se concentram na realização dos meios, mas, sinceramente, não sabem ao certo se o alvo no fim desta estrada é o que realmente desejam. Aparentemente, estão a ermo, perdidas ou boiando. Mas, pensando bem, quantas vezes você já ouviu falar de pessoas que caíram de pára-quedas em certas atividades ou trabalhos e se desenvolveram com afinco? Quantos assim fizeram por causa da característica peculiar de serem obstinados em fazer bem-feito e com precisão qualquer tarefa que lhes incumbam? Pense nas pessoas que você conhece e que não tinham certeza absoluta do fim ao qual chegariam, mas que, mesmo assim, apaixonaram-se pelo que estavam fazendo e se transformaram em grandes artistas, cientistas, professores, desportistas etc. Pois saiba que foram, são e serão ainda muitas. E tenha certeza de que só conseguiram porque estavam abertas para ver e experimentar outras estradas. Não estavam limitadas a enxergar um único ponto ou alvo.

Portanto, nada de ficar achando que a vida é uma fórmula científica, uma receita de bolo, na qual todas as coisas são absolutamente previsíveis. Como a natureza, ela é regida por princípios. Um deles é que, quanto mais empenho, fervor, dedicação e obstinação no aprendizado de uma nova tarefa, melhor será o fim alcançado, independentemente do compromisso com os meios ou com os fins.

No meu caso, descobri que poderia ser um excelente palestrante (isto quem diz são os que me assistem, bem entendido) somente aos 32 anos. Jamais tinha traçado este objetivo. Simplesmente surgiu. Depois que descobri esta vocação natural, passei a me dedicar de corpo e alma ao aprendizado e ao aprimoramento. O mesmo aconteceu com a atividade de escritor. Descobri por acaso que poderia me desenvolver nesta atividade, e me dedico com fervor ao meu aprimoramento nas letras. Conclusão: os meios justificaram o fim!

> **!** *O que vale é o grau de envolvimento e de compromisso que você dedica às suas atividades. Ignorando este princípio, dificilmente você chegará a um fim glorioso, tenha sido ele objeto de um sonho ou do acaso.*

Por outro lado, minha atividade de consultor foi absolutamente traçada e planejada. Era um sonho. Defini um plano e fui galgando passo a passo. Tinha um fim, e em virtude do compromisso de atingi-lo, algumas estratégias justificaram-se naturalmente, como prestar serviços gratuitos, envolver-me em associações de classes e me apresentar como voluntário para participar de trabalhos comunitários. Conclusão: o fim justificou os meios!

E no seu caso? Todas as suas conquistas foram absolutamente traçadas como em um plano ou algumas delas surgiram naturalmente, à proporção que você desenvolveu com maestria as atividades para as quais estava sendo designado ou se envolvendo espontaneamente? Tenho quase certeza de que as duas coisas aconteceram. Portanto, se o fim justifica os meios, ou os meios justificam os fins, isto não importa. O que vale é o grau de envolvimento e de compromisso que você dedica às suas atividades. Ignorando este princípio, dificilmente você chegará a um fim glorioso, tenha sido ele objeto de um sonho ou do acaso. Não confunda as coisas: você pode, por acaso, descobrir um fim para sua carreira profissional, mas jamais o conquistará com glória por mero acaso.

Pense nestas lições:

1. Comprometa-se com o seu crescimento e em fazer com primor suas tarefas de hoje, caso deseje chegar a um fim glorioso amanhã. Existem pessoas que esperam ser notadas para começar a fazer bem suas tarefas. Puro engano.

2. Esteja aberto para alterar seus rumos ou caminhos sempre que encontrar novas estradas que pareçam mais atraentes. Mas cuidado para não

ficar pulando demais de estrada em estrada, sem dar o devido tempo para descobrir se está ou não no caminho que o levará para sua realização pessoal.

DESAFIO

Para nascer o compromissado, mate o bitolado!

Insistir ou **persistir**?

"A sorte favorece aqueles que são persistentes."

JAMES COLLINS

SE ALGUÉM CHAMASSE VOCÊ de insistente, você tomaria como um elogio ou como uma crítica negativa? É bem provável que emburrasse e fizesse cara feia. Mas se o presidente de sua empresa apontasse você como um funcionário persistente, você sorriria? É quase certo que comemoraria.

Já ouvi muitos palestrantes e consultores pelo Brasil afora, principalmente os da área de vendas e motivação, afirmar que não devemos ser insistentes, mas persistentes. Sinceramente, me parece mais um daqueles casos típicos de jogo de palavras em busca de frases de efeito. As duas coisas são fundamentais. O segredo está em saber qual o momento apropriado para ser insistente e quando a situação exige persistência. Mas antes de adentrar na aplicação desses conceitos no dia-a-dia corporativo, é fundamental compreender os significados das duas palavras.

No livro de Gênesis, encontramos a história de Jacó, que se apaixonou por Raquel. Labão, pai da jovem, impôs um preço a Jacó por este desejo: sete anos de trabalho. Depois deste tempo, Labão não cumpriu a palavra. Ao invés de Raquel, a primogênita Lia foi entregue a Jacó, que aceitou trabalhar mais sete anos por Raquel. Ao fim de longos quatorze anos, conseguiu seu objetivo e ficou definitivamente com Raquel. Sem dúvida, muita perseverança e muito amor podem ser encontrados nesta história de um dos grandes patriarcas do povo de Deus. Mas, neste caso, Jacó persistiu ou insistiu na idéia de ter Raquel como esposa? Vamos entender as diferenças entre estes dois conceitos.

Os dicionários Aurélio e Michaelis trazem as seguintes definições:

- **insistência** [De insistir + -ência, lat insistere] S. f. 1. Ato de insistir; teima persistente; obstinação, contumácia; teimosia; importunidade. 2. Qualidade de insistente.

- **persistência** (sis). [De persistir + -ência.] S. f. 1. Qualidade ou ato de persistente. 2. Perseverança, constância, pertinácia, firmeza.

Assim como caldo de galinha de hospital, estas definições são por demais insossas e vagas para chegarmos a alguma conclusão sobre quando ser insistente ou persistente. Sem querer desafiar os dicionários, proponho uma definição mais prática, aplicável ao nosso cotidiano. As duas palavras pressupõem obstinação e perseverança na busca de um objetivo. A simples diferença está na forma como se alcança esta meta. Insistir nada mais é do que obstinadamente buscar o resultado usando sempre um mesmo caminho, meio ou forma. É aquela cantiga de grilo, o bater na mesma tecla, que às vezes irrita e "mata pelo cansaço". Persistir, por sua vez, é também a busca com perseverança de seus resultados, só que alternando os meios, os caminhos ou as formas. É tentar sempre, só que cada vez de um jeito diferente. Como já dissemos, seu grande desafio é descobrir em que momentos você deve insistir e em que momentos persistir. Vamos aos exemplos.

Insistir é buscar o resultado usando sempre um mesmo caminho, meio ou forma. Persistir, por sua vez, é também a busca com perseverança de seus resultados, só que alternando os meios, os caminhos ou as formas.

Insista sempre que você tiver a convicção ou o sentimento de que o método ou o meio que está usando é o correto. Você deve estar se perguntando: "Mas como saber se o caminho certo é o que estou tomando, se o método apropriado é o que estou aplicando?" Aí é que está o grande desafio. A vida não é uma fórmula matemática. Não existe um manual sequer que forneça os "100 passos para alcançar com eficiência todos os seus objetivos". É certo que existem alguns — note bem, alguns — princípios básicos. Mas uma boa parte de nossas vidas é composta de tentativas e erros, por mais que rejeitemos esta idéia pouco produtiva, principalmente num mundo pragmático como o de hoje, principalmente em tempos de "Seis Sigma" e "tolerância zero ao erro". Nem sempre conseguimos estar preparados e com respostas prontas para todos os desafios, mesmo observando e, às vezes, aprendendo com o erro dos outros.

Você já imaginou a quantidade de novos territórios e novas descobertas científicas que foram conquistados por conta da insistência de alguns "teimosos"? É muito provável que não tivessem alcançado seus objetivos se não tivessem sido persistentes, ou seja, se no processo de busca de seus sonhos ou visões tivessem mudado os meios, os caminhos ou os métodos. Colombo é um exemplo. Sua insistência — ou teimosia, como queiram — o levou às Américas, a despeito das vozes contrárias. Podia ter dado em nada, podia ter resultado em sua morte. Mas o fato é que ele estava no caminho certo, da forma certa (para a época). O resto é história.

Se você tiver convicção sobre o meio, o método ou o caminho, insista. Lembre-se de que a habilidade em alguma competência é fruto da insistência em repetir seguidamente, obstinadamente, a seqüência de movimentos certos ou o uso do fundamento correto.

É bem verdade que muitos destes chamados "teimosos" insistentes morreram sem ter alcançado suas metas. Mas é verdade também que abriram caminhos para os que vieram depois com mais recursos tecnológicos. Por diversas vezes já ouvimos falar de vendedores que, por muito insistirem em falar com seus prospects (possíveis compradores), acabaram tendo sua perseverança reconhecida por eles e fizeram grandes vendas. Da mesma forma, funcionários que insistiram numa idéia, em provar que seu novo método de produção era mais eficaz, que vararam noites nesta obstinada luta, e depois de alguns dias, semanas ou meses, demonstraram o resultado alcançado para uma platéia de céticos boquiabertos que diziam, contrariados: "Incrível. Parecia tão óbvio e ninguém tinha pensado nisso antes!"

Lembre-se: se você estiver convicto sobre o meio, o método ou o caminho, insista. Lembre-se de que a habilidade em alguma competência — nos atletas, por exemplo — é fruto da insistência em repetir seguidamente, obstinadamente, a seqüência de movimentos certos ou o uso do fundamento correto. O mesmo vale para a habilidade de falar em público ou o domínio no uso de um software. Estas capacidades se conquistam pela insistência na repetição do método certo, aprendido com especialistas.

> ! *No caso da busca da solução de um problema, é válido, quando não imprescindível, contemplar vários caminhos, meios e formas ou métodos.*

Por outro lado, em se tratando de levar pessoas a se convencer de algo — uma vez que ninguém consegue convencer o outro —, é mais indicado persistir. A insistência pode ser desgastante para alguns, exatamente pelo fato de sempre bater na mesma tecla. Nem todos os interlocutores suportam este ataque maciço e concentrado. É a irritação proveniente do contato excessivo e constante, sempre no mesmo ponto. Um calo, por exemplo. Por isso, todo cuidado é pouco quando se está lidando com a venda de idéias ou produtos para os outros.

Persistir na defesa de um projeto dentro da empresa pode exigir de você o uso de vários argumentos ou estratégias distintos (um pode não funcionar, outro sim); o contato com várias pessoas distintas (angariar aliados é sempre uma boa idéia); e momentos de apresentação distintos (às vezes, o melhor momento não é na reunião da diretoria, mas no happy hour ou na festa de confraternização, no fim do mês). Da mesma forma, no caso da busca da solução de um problema, é válido, quando não imprescindível, contemplar vários caminhos, meios e formas ou métodos.

Conta a história que Thomas Edison encontrou milhares de formas distintas de como não fazer o filamento da lâmpada. Sua persistência quase obcecada em ter a lâmpada lhe rendeu o estrelato. Certamente, se tivesse sido insistente, teria alcançado o anonimato. Enfim, não tendo certeza de como chegar lá, persista. Abra-se para várias opções e possibilidades.

"Ter sorte" é não desistir, seja por insistência ou persistência, não importa. O que vale é continuar sonhando e persistindo — ou insistindo — em realizar o sonho. Isto nos faz viver mais.

DESAFIO

Para nascer o obstinado e perseverante, mate o desestimulado!

Você está **satisfeito** com seus **resultados**?

"A insatisfação é o primeiro passo para o progresso de um homem ou de uma nação."

OSCAR WILDE

SE SEU GERENTE, seu chefe ou outra pessoa qualquer lhe perguntasse se você está satisfeito com seus resultados, o que responderia? Se sua resposta for positiva, permita-me fazer outra pergunta: mesmo satisfeito, seus resultados podem ser melhorados? Bem, se você é uma pessoa comprometida com o seu crescimento contínuo, só terá uma resposta aceitável: "Sim". Então, continuo o diálogo com esta pergunta: "Se os seus resultados podem ser melhorados, como você está satisfeito com o que já alcançou?" Aí está o paradoxo.

Se a resposta à pergunta inicial for "não, estou insatisfeito", então estamos mais próximos de um acordo. No meu ponto de vista, a resposta deve ser sempre esta. Trata-se de condição sine qua non para que você avance, busque o aprimoramento. Se você está satisfeito com algo, estabelece-se, acomoda-se e não cresce. Thomas Edison afirmou: "Mostre-me um homem completamente satisfeito e eu mostrarei a você um fracasso".

Talvez você questione: "Mas se eu estiver eternamente insatisfeito, não vou acabar infeliz, ansioso, angustiado, sempre querendo mais?" Bem, chegamos exatamente ao ponto principal: como estar constantemente insatisfeito e, ao mesmo tempo, feliz?

A chave está em sentir contentamento com o que já se alcançou, com a atual situação, independentemente de como isto se reflita na vida, seja de forma boa ou má. Até porque coisas aparentemente boas transformam-se, com o tempo, em coisas ruins, e vice-versa. O grande gênio louco Raul Seixas deixou clara esta preocupação de buscar sempre mais em sua música Ouro de Tolo, no seguinte trecho:

Eu devia estar sorrindo e orgulhoso
Por ter finalmente vencido na vida
Mas eu acho isto uma grande piada
E um tanto perigosa
Eu devia estar contente
Por ter conseguido tudo que eu quis
Mas confesso abestalhado
Que eu estou decepcionado
Porque foi tão fácil conseguir
E agora eu me pergunto, e daí?
E tenho uma porção de coisas grandes
Pra conquistar, eu não posso ficar aí parado
(...)
Eu é que não me sento

No trono de um apartamento
Com a boca escancarada
Cheia de dente, esperando a morte chegar

A letra deixa claro que não se pode acomodar, não se pode parar de crescer. Mas também afirma o seguinte: "Eu devia estar contente". Aqui ele mostra descontentamento, e penso que usou o termo errado. Deveria dizer que não estava satisfeito, pois podemos ser e estar contentes, mesmo insatisfeitos com o que temos ou com as posições que alcançamos.

O apóstolo Paulo nos dá o seguinte testemunho, em sua carta aos filipenses (4:11-13): "Não estou dizendo isto porque estava precisando, pois aprendi a viver alegremente, tenha muito ou pouco. Sei viver com quase nada ou tendo tudo. Já aprendi o segredo para viver contente em qualquer circunstância, quer com o estômago satisfeito, quer na fome, na fartura ou na necessidade; porque eu posso fazer todas as coisas que Deus me pede com a ajuda de Cristo, que me dá a força e o poder".

A insatisfação é condição si ne qua non para que você avance, busque o aprimoramento. Se você está satisfeito com algo, se estabelece, se acomoda e não cresce.

Eis aí o grande desafio: viver feliz, contente, sem precisar de que algo, alguém ou um lugar faça a pessoa feliz. Ou seja, é a felicidade ou o contentamento que independe das circunstâncias, mas que não gera acomodação. Sei que, nos dicionários, "contente" é sinônimo de "satisfeito". Permita-me discordar. A "felicidade insatisfeita" (ou "contentamento insatisfeito") é que nos move ao crescimento, à busca constante, sem que isto gere ansiedade ou desespero porque, mesmo que não consigamos, estaremos felizes. A ansiedade ocorre quando você transfere sua felicidade (seu contentamento) para algo que ainda não tem, que ainda precisa ser conquistado. Enquanto a conquista não vem, a ansiedade se implanta. Se, ao longo do tempo, você percebe que está quase impossível alcançar o que tinha planejado, a ansiedade vira angústia, sofrimento antecipado por uma auto-imposição errônea. E se, finalmente, você não alcança, vem a infelicidade, a frustração e o sentimento de derrota. Tudo isso porque faltou o equilíbrio que só o contentamento com seu estado atual, independentemente de qual ele seja, pode proporcionar.

Para finalizar, deixo duas mensagens de sabedoria bíblica sobre o conflito "insatisfação para o crescimento" versus "contentamento". Você pode aplicar o modelo da "felicidade insatisfeita" em qualquer área de sua vida.

Primeiro, quanto ao contentamento: "Portanto, meu conselho é: Não fiquem preocupados a respeito de coisas: O que comer, o que beber e o que vestir. Porque vocês já têm a vida e o corpo — e eles são muito mais importantes do que o que comer ou o que vestir (...) Portanto, não fiquem preocupados com o dia de amanhã. Deus cuidará do dia de amanhã para vocês também. Já é suficiente a preocupação de cada dia" (Mateus 6:25, 34). Veja que Jesus diz que não devemos nos inquietar com o amanhã. Isto não significa que devemos desprezá-lo, mas que não deve ser motivo de preocupação, ou seja, sofrimento antecipado.

Segundo, sobre o crescimento: "Preguiçoso, observe bem as formigas e aprenda uma profunda lição com elas. Elas não têm reis ou governadores para dar ordens e, no entanto, trabalham durante o verão, ajuntando comida para o inverno. Mas você, preguiçoso, só sabe dormir! Até quando você pretende ficar nessa 'vida boa'? 'Ah, deixe-me descansar só um pouquinho mais!' Sim, descanse mais um pouquinho e a sua pobreza chegará de repente, como um ladrão. A necessidade cairá sobre você de surpresa, como um bandido armado" (Provérbios 6.6-11). Salomão exorta à diligência, ao autodesenvolvimento e ao autocrescimento, assim como ao planejamento e à disposição de crescer, para que não sobrevenha a pobreza.

A "felicidade insatisfeita" é que nos move ao crescimento, à busca constante, sem que isto gere ansiedade ou desespero porque, mesmo que não consigamos, estaremos felizes.

**Insatisfação + contentamento =
Crescimento contínuo e feliz**

DESAFIO

Para nascer o feliz insatisfeito, mate o descontente preguiçoso!

Você é **maior** ou **menor** do que os que o **cercam**?

"Qual é a mais rigorosa lei de nossa existência? Crescimento. Nem o menor átomo de nossa estrutura moral, mental ou física pode suportar um ano sequer. Ele cresce, ele tem de crescer; nada pode evitar isto."

MARK TWAIN

ESPERO QUE ESTE não seja o seu caso, nem de seu superior imediato, mas conheço muitos diretores e gerentes que são verdadeiros carrascos da excelência e do desenvolvimento. E fazem isto de forma muito sutil. Numa luta desenfreada para compensar sua pouca auto-estima ou sua insegurança, conseqüência direta da estagnação no aprendizado e também de experiências traumáticas vividas na infância, adolescência ou juventude, esses líderes cercam-se sempre de pessoas "inferiores" para que sua posição "superior" jamais seja ameaçada. De outra forma, mas com o mesmo propósito, eles anulam, massacram, humilham, desqualificam ou desprezam qualquer subordinado que, através de idéias ou atitudes, demonstre ter mais brilho.

Por enquanto, nada de novo. Mas agora sugiro uma reflexão sobre qual deva ser a postura ideal quanto ao nosso desenvolvimento, principalmente como estudantes ou profissionais que somos. Vamos analisar uma dessas imagens que circulam na internet, e que atraem a atenção de platéias em palestras sobre crescimento e automotivação.

Veja a figura abaixo e tente responder à pergunta logo após a imagem. Observe bem antes de continuar a leitura do texto.

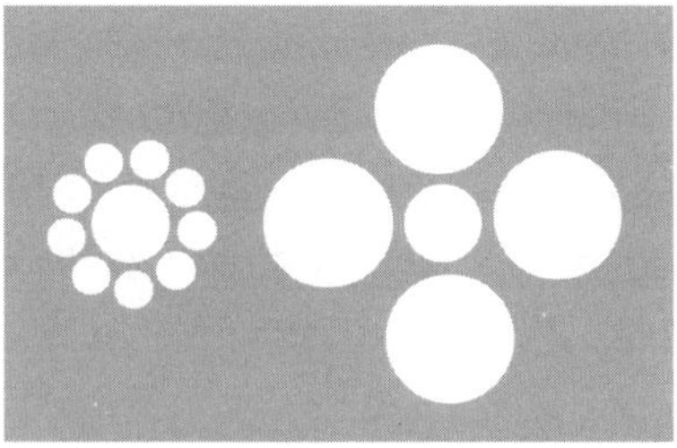

Responda: o círculo central da figura esquerda é menor ou maior que o círculo central da figura do lado direito?

Se você tiver respondido como 99% das pessoas que vêem esta figura, deve ter pensado que o círculo central esquerdo é maior que o direito, certo? Errado! Eles são exatamente iguais. Você poderia dizer por que esta ilusão de ótica ocorre? O que faz um círculo parecer menor que o outro, se são exatamente do mesmo tamanho? Se você acha que o fenômeno ocorre por causa dos círculos externos, está correto. São eles que geram a ilusão de que os círculos centrais são de tamanhos diferentes. É uma questão de luminosidade refletida pelos círculos brancos. Mas não precisamos entender com profundidade científica este fenômeno. Mais importante é compreender como ele se aplica à vida diária.

Traduzindo essa experiência para a vida profissional, encontramos no fenômeno acima a explicação para justificar por que alguns profissionais em cargos superiores preferem se cercar de pessoas menores ou menos capacitadas. É simples: eles sempre parecerão maiores quando comparados a outros diretores ou gerentes que possuem colaboradores participativos e inteligentes, que brilham muito. O problema desta estratégia é que existe o outro lado da moeda: quando você pensa ser maior, cercando-se de menores, você tende a se acomodar, acreditando que não precisa mais crescer. Cercando-se de maiores, espelhando-se em grandes exemplos, buscando estar próximo às melhores referências, você sente que existe espaço para crescer, para evoluir. E se existir em você um compromisso com o próprio crescimento, ficará inquieto com esta situação (não invejoso, apenas inquieto) e buscará aprender mais para também crescer, pois não se conformará com o estado atual. Dizemos reiteradamente, em nossos eventos, que você até pode se contentar com as coisas que tem ou alcançou, mas jamais poderá estar satisfeito com o que é hoje. Tem sempre de admitir a necessidade de evoluir.

Um dos caminhos para você evoluir é procurar posicionamento entre pessoas grandes, maiores, mais experientes, mais habilidosas. Isto lhe permitirá enxergar que ainda existe espaço para crescer, evitando que caia na falsa ilusão de que é o maior.

Um dos caminhos para você evoluir é procurar posicionamento entre pessoas grandes, maiores, mais experientes, mais habilidosas. Isto lhe permitirá enxergar que ainda existe espaço para crescer, evitando que caia na falsa ilusão de que é o maior.

Em quem você se espelha hoje para ser profissionalmente o que deseja amanhã? Nos melhores ou nos medíocres?

DESAFIO

Para nascer alguém humilde e que sempre evolui, mate o satisfeito!

Exemplos versus **Modelos**

"A cópia só é válida quando é melhor que a original."
OCIMAR VERSOLATO

SERÁ QUE VOCÊ ESTÁ TOMANDO o que seriam meros exemplos como modelos? Já parou para pensar nisto antes? "Mas existe alguma diferença entre um modelo e um exemplo?", você pode perguntar. Sim, e muita. Em primeiro lugar, permita-me fazer uma afirmação: modelos de verdade, há poucos. No caso do ser humano, nem adianta perder tempo buscando alguém como modelo. O único realmente confiável e digno de ser seguido à risca é Jesus, que ocorre de ser também o próprio Deus. Digo seguir à risca porque é isto que caracteriza um modelo: um molde, uma fôrma, um padrão a ser repetido. Não é para ser questionado, não existe subjetividade em sua análise; é uma questão de aceitá-lo ou não. Se você o questiona, ele passa a ser apenas um exemplo. É por isso que

Cristo não pode ser tomado como exemplo: ele é completo, perfeito, e não pode ser apenas parcialmente tomado como referência para nosso comportamento, nossa fala e nossos pensamentos.

Podemos até mudar os modelos, mas jamais melhorá-los. Quando você melhora um modelo, na realidade está construindo outro. Podemos substituir modelos antigos por novos, que podem e devem ser melhores — caso contrário, não se justificaria a mudança. Mas uma vez adotado o novo modelo, isto deve acontecer em sua integridade. Se não for assim, torna-se apenas um exemplo.

O mundo da moda ajudou a confundir nossas cabeças na compreensão deste conceito, introduzindo pessoas (antigas manequins) como modelos. Na verdade, são apenas exemplos de beleza. Não podemos dizer que exista um modelo (padrão inquestionável) de beleza. Na verdade, são todas e todos meros exemplos de beleza. Uma música cantada por Whitney Houston talvez ajude a explicar esta infeliz obsessão do mundo moderno. A letra diz assim: "Everybody is searching for a hero/People need someone to look up to". Numa tradução livre, seria algo como: "Todos estão procurando por heróis/As pessoas precisam de alguém para se espelhar". Ou seja, as pessoas estão à procura de modelos que, na verdade, não existem. Podemos achar, em pessoas, exemplos de luta desarmada quando lembramos Gandhi, ou de amor ao próximo quando pensamos em madre Tereza de Calcutá. Mas modelos, não consigo ver outro senão Jesus.

O apóstolo Paulo disse, em I Coríntios 11:1, que seus leitores deveriam seguir seu exemplo. Mas, na mesma frase, ele justifica: "... como eu sigo o de Cristo". No momento em que Paulo deixa de espelhar o comportamento de Cristo, perde sua capacidade de servir como modelo. Sendo assim, na verdade, o modelo é Cristo.

A esta altura, já ficou claro o que caracteriza o exemplo. Podemos ter pessoas como exemplos para nossas vidas. Podemos também ter empresas, ou apenas alguns processos delas, como exemplos de qualidade, de eficiência ou de rapidez que servem de referência em nossas empresas. Mas corremos um grande risco quando não conseguimos distinguir um modelo de um exemplo. O modelo pressupõe a perfeição, a plenitude. O exemplo não. O exemplo pode e deve ser questionado. Deve ser tomado apenas como um padrão de referência, e não copiado à risca ou cegamente. No instante em que fazemos isto, transformamos a pessoa, o processo ou a empresa num modelo. Desta forma, os qualificamos como dignos da perfeição. Passíveis de cópias fiéis, sem retoques ou melhorias.

Isto caracteriza um modelo: um molde, uma fôrma, um padrão a ser repetido. Não é para ser questionado, não existe subjetividade em sua análise; é uma questão de aceitá-lo ou não. Se você o questiona, ele passa a ser apenas um exemplo.

Aí está um grande perigo. Fazendo isso, inibimos nossa capacidade criativa, nosso contexto, nossa realidade ou a realidade de nossas empresas. No caso de exemplos, não convém falar de cópia, mas de adaptação ou adequação. Estes termos contemplam a necessidade de considerar a análise de sua realidade, o seu contexto, e abrem espaço para construir algo novo, mas com o nosso jeito, a nossa cara, a nossa identidade e as nossas idéias. Copiar só se presta para modelos. E, como vimos, modelos existem poucos.

Que este texto lhe sirva de exemplo para as próximas vezes em que olhar para algo e desejar transformá-lo em um modelo. Pense nisso!

DESAFIO

Para nascer o inovador, mate o copiador de modelos!

Rosalinda, a leiteira **sonhadora**

"A melhor forma de realizar os seus sonhos é acordar."
PAUL VALÉRY

ERA DOMINGO DE MANHÃ. Estava preparando meu boletim Renovar quando meu filho, Mateus, na época com 4 anos, me pediu que fizesse a lição de casa com ele. Parei e começamos o trabalho. Uma das tarefas era ler um pequeno e bem-ilustrado livrinho infantil, acompanhando suas reações à leitura, identificando a parte que mais lhe despertou a atenção.

Comecei a leitura do livrinho O Sonho da Leiteira, da Editora DCL (por incrível que pareça, sem autor). A historinha é muito simples, mas de grande valor.

Rosalinda era uma leiteira que sonhava em crescer. Enquanto ela ia pelo caminho, carregando seu tacho, começou a sonhar com o que poderia fazer com o leite que carregava. "Venderei o leite para o senhor Nicolau. Com as moedas, comprarei uma galinha que porá muitos ovos.

Venderei os ovos a dona Clotilde, e com o dinheiro irei ao mercado e comprarei várias galinhas que me porão mais ovos, e assim terei vários pintinhos", pensava.

Ela continuou sonhando: "Vou guardando o dinheiro que ganhar com a venda dos ovos, e depois comprarei uma boa cabrita. Com o leite da cabrita, farei excelentes queijos, bem redondos. Venderei os queijos para a vendinha da vila, e com o dinheiro comprarei um burrinho. Colocarei uns bons alforjes e carregarei o leite neles. Depois, comprarei uma carroça para o burro puxar. Com a carroça, poderei transportar tudo de uma vez: leite, ovos, galinhas, queijos... Ganharei muito dinheiro. O que farei, então? Ah, comprarei uma vaquinha para que me dê mais leite. Meu Deus, que negócio estupendo! Levarei minha carroça cheia de coisas. Ganharei muito dinheiro. E tudo isso graças a este tacho de leite que levo agora!"

Rosalinda, a pequena leiteira, deu um salto de alegria... e o tacho de leite que levava caiu ao chão, e todo o leite que levava se derramou no caminho. "Ai, pobre de mim! Agora, todos os meus sonhos estão destruídos. Não faz mal. Sonharei outros", disse Rosalinda, desconsolada, mas ainda esperançosa.

A moral é muito simples. Todos temos de sonhar. É fundamental cultivar expectativas de um amanhã mais promissor. Mas é imprescindível que cuidemos do hoje, do presente, realizando-o da melhor forma possível. Caso contrário, jamais construiremos o caminho que nos levará à realização de nossas metas, de nossos sonhos. Fico lembrando a quantidade de pessoas que não consegue aproveitar as oportunidades que a vida lhe proporciona porque toda a sua atenção e sua energia estão concentradas no amanhã, esquecendo de cuidar e zelar pelas tarefas de hoje. Fico imaginando quantas vezes Rosalinda terá de reconstruir seus sonhos enquanto não aprender que hoje deve se concentrar em carregar seu tacho da melhor forma possível.

Algumas pessoas chegam a desenvolver uma ansiedade desmedida quando pensam nas inúmeras possibilidades que as atividades de hoje podem proporcionar no futuro. E aí esquecem de aplicar-se diligentemente às atividades, negligenciando-as. Acabam se transformando nos carrascos de seus próprios sonhos.

Temos de sonhar. É fundamental cultivar expectativas de um amanhã mais promissor. Mas é imprescindível que cuidemos do hoje, do presente, realizando-o da melhor forma possível. Caso contrário, jamais construiremos o caminho que nos levará à realização de nossas metas.

Sonhe com seu futuro, mas mantenha-se hoje bem acordado para realizá-lo.

DESAFIO

Para nascer o realizador, mate o sonhador negligente!

Relacionamentos

Deus nos fez absolutamente diferentes uns dos outros. Só vejo uma razão para isto: compreendermos que nossas diferenças nos capacitam a conseguir muito mais se aceitarmos a idéia de compartilhá-las com o próximo, numa relação de complementaridade, de troca. Sozinho, posso pouco. Juntos, podemos muito. É simples. Somos gregários, precisamos do próximo, e aqueles que melhor desenvolvem a competência do relacionamento interpessoal avançam mais rápido em direção às conquistas individuais e de grupo. Morra e avance. Há um mundo maravilhoso de relacionamentos à sua espera.

O que **falta** às empresas é **amor**

"Um estudo que visava indicar a diferença entre as pessoas felizes e infelizes concluiu que a desigualdade mais importante entre os dois grupos era de que as pessoas felizes relacionavam-se bem com as outras; as infelizes, não. Uma auto-estima precária age como um obstáculo à felicidade pessoal, impedindo as relações pacíficas."

DOROTHY BRIDGES

EU SEI QUE ESTE TEMA é polêmico e, no mínimo, estranho. É difícil encontrar textos que defendam a idéia de unir amor à vida corporativa. Pois saiba que fica muito mais fácil compreender as empresas quando olhamos para a vida corporativa pela perspectiva humana, e não pela perspectiva mercadológica, econômica ou administrativa. Fazendo assim, constataremos que não existe ferramenta administrativa mais poderosa para a boa e correta prática da liderança de pessoas do que o exercício do amor. Se existisse amor genuíno, verdadeiro e incondicional, boa parte dos problemas corporativos envolvendo gente seria eliminado. Vou explicar melhor.

Em primeiro lugar, é necessário que entendamos um pouco de que tipo de amor estou falando. Refiro-me ao amor que tem por prazer o servir, que busca o bem e o crescimento do próximo porque entende que, fazendo isto, está buscando o próprio crescimento. Não pense que isso é fácil de ser achado dentro da lógica do mundo em que vivemos. A maioria das pessoas olha para o ambiente corporativo como uma oportunidade para, prioritariamente, crescer profissionalmente, esquecendo de que, antes disto, deve buscar o crescimento como pessoa, como ser humano. A ditadura do sucesso impõe aos mais superficiais e desavisados a necessidade de buscar um tipo de crescimento que fique perceptível aos outros, caso contrário não serão considerados "bem-sucedidos". Sob esta ótica, o poder, os cargos e os sinais exteriores de riqueza cumprem o papel de mostrar aos outros que alguém está evoluindo. Enquanto isso, o crescimento interior, a evolução e o amadurecimento das virtudes mais nobres do homem, como bondade, solidariedade, sabedoria, discernimento, mansidão, compreensão, respeito e amor — como a síntese de tudo e a mais sublime de todas as virtudes —, vão sendo relegados a segundo ou terceiro planos. É o velho problema do "ser para ter" versus o "ter para ser". Defendo o primeiro, é claro.

> ! *Se compreendermos que o serviço ao próximo, movido pelo amor sincero, nos permite dar largos passos em nosso crescimento como gente, como seres humanos, priorizaremos o desenvolvimento da maior de todas as virtudes: o amor.*

Se compreendermos que a única evolução consistente e permanente é a interior, e que a exterior é conseqüência da primeira, conseguiremos uma grande revolução nas relações interpessoais dentro das corporações. Se compreendermos que o serviço ao próximo, movido pelo amor sincero, nos permite dar largos passos em nosso crescimento como gente, como seres humanos, priorizaremos o desenvolvimento da maior de todas as virtudes: o amor. Ao entender que, quando amamos alguém verdadeiramente, nos comprometemos com seu crescimento, passamos a espelhar esta verdade em nossas atitudes cotidianas dentro da empresa, permitindo mais facilmente a cooperação de uns com os outros em torno de objetivos comuns, ao invés de disputar egos e posições. Agindo movidos pelo amor, sempre estaremos beneficiando a nós mesmos, pois o resultado final será o nosso crescimento.

A realização pessoal é alcançada quando nos sentimos úteis a alguém ou a um grupo. Ora, para que você se sinta útil e seja percebido como tal, necessariamente precisa servir a essas pessoas.

John Maxwell deu uma belíssima instrução aos líderes, quando afirmou, em um de seus livros, o seguinte: "Amar as pessoas é mais importante do que liderá-las. Elas não se importam com o quanto você sabe até que saibam o quanto você se importa com elas".

Vou dar uma razão muito lógica para você pensar melhor nesta questão, e estou certo de que ela é de seu interesse. Todos nós, inclusive você, buscamos ardentemente a realização pessoal. Pois saiba que a realização pessoal é alcançada quando nos sentimos úteis a alguém ou a um grupo. Ora, para que você se sinta útil e seja percebido como tal, necessariamente precisa servir a essas pessoas.

Servir proporciona uma sensação de utilidade. E você servirá às pessoas naturalmente, sem que isto seja percebido como um esforço nem como um sacrifício, se você amá-las. Ficou claro? A seqüência é simples: amar = servir ao próximo = sentir-se útil = realização pessoal. Você sabe disto, e já deve ter sentido o prazer de poder ajudar alguém; e deve ter percebido que dinheiro nenhum pagaria a gratidão daquela pessoa pelo que você lhe fez incondicionalmente. Ora, qual a dificuldade em levar este princípio para dentro das empresas e revolucionar o ambiente corporativo, transformando-o em um lugar mais produtivo e prazeroso de se viver?

Por fim, lembre-se da recomendação de Jesus: ame ao próximo da mesma forma que você se ama. Ou seja, só ama quem se ama. Então, ame-se e, assim, ame seus colaboradores, colegas e chefes. Tenho certeza de que você e eles sentirão a diferença.

DESAFIO

Para nascer o realizado, mate o inacessível!

"Santa **inveja**": isto pode ser **bom**?

"Ciúme é querer manter o que se tem;
cobiça é querer o que não se tem; inveja é não
querer que o outro tenha."

ZUENIR VENTURA

PENSE NESTA AFIRMAÇÃO: "Sinto uma santa inveja daquele sujeito!" Santa inveja? Será que um sentimento negativo como a inveja pode ser minimizado a ponto de se tornar algo próximo de uma virtude? Será uma tentativa de diminuir a culpa por estar sentindo inveja? Talvez. Mas, em primeiro lugar, tentemos analisar o que significa inveja.

Segundo a definição do dicionário Aurélio, inveja é o "desgosto ou pesar pelo bem ou pela felicidade de outrem; desejo violento de possuir o bem alheio". Complementaria ainda que a inveja nos faz querer estar no lugar do outro. Sendo assim, será que este sentimento pode ser santificado? A questão não é tão fácil de ser respondida. Principalmente se considerarmos que muito do progresso do mundo se deve à inveja. É isto mesmo, não se assuste com esta afirmação.

A constatação não é nova, remonta aos primeiros séculos, e está até mesmo registrada na Bíblia. Veja o que diz o sábio Salomão em Eclesiastes 4:4: "Percebi que o que faz os homens correrem atrás do sucesso é a inveja!" Portanto, o sentimento de inveja pelas conquistas e posses do outro dispara no ser humano um desejo, um compromisso de superação em relação ao próximo, como se estivesse numa disputa. Isto acaba por levar as pessoas a buscarem mais, alcançarem mais, enfim, progredirem, em certo sentido.

Ora, se a inveja cumpre o papel de mover o homem em direção a novas conquistas, ao progresso, por que então é vista como um sentimento negativo? O problema está no fato de o progresso da ciência, do conhecimento, da tecnologia ou dos produtos crescer em proporção inversa à evolução do homem. Ou seja, o mundo avança em várias áreas, mas, infelizmente, regride na questão das relações humanas exatamente porque o ser humano não busca mais a sobrevivência, o bem-estar, o desenvolvimento, mas a superação em relação aos outros. E neste quesito, a inveja tem sido o grande elemento propulsor.

Cabe, então, o maior questionamento desta reflexão: pode existir uma santa inveja? Ou seja, podemos olhar para o outro, sentirmo-nos impelidos a fazer mais, sem que isto signifique desenvolver um sentimento negativo? Sim, é possível. Mas, para isto, precisamos desenvolver a admiração em substituição à inveja. Esta atitude requer humildade para reconhecer, valorizar e se alegrar com as conquistas do outro, além de gratidão pela existência de outras pessoas que cumpriram o grande papel de lançar as bases para que pudéssemos ir além.

Será possível pensar assim quando se olha para alguém que está fazendo algo tão bom que desperte nas outras pessoas o desejo de fazer alguma coisa igualmente boa? Será possível sentir admiração por alguém, no lugar de inveja? Não é fácil, mas tenho certeza de que é possível. Diria até necessário. Mas para isto, precisamos evoluir como seres humanos, amando mais a Deus, a nós mesmos e ao próximo.

Precisamos desenvolver a admiração em substituição à inveja. Esta atitude requer humildade para reconhecer, valorizar e se alegrar com as conquistas do outro, além de gratidão pela existência de outras pessoas que cumpriram o grande papel de lançar as bases para que pudéssemos ir além.

!

DESAFIO

Para nascer o admirador, mate o invejoso!

Você **vai entrar** para a sua **História**?

"Várias coisas na vida podem nos mudar. Mas a verdade é que começamos e terminamos nossas vidas com a família."
ANTHONY BRANDT

JOHN KENNEDY, JUSCELINO KUBITSCHEK, madre Tereza de Calcutá, Dom Hélder Câmara, Hitler, Gandhi, Pelé, Eleanor Roosevelt, Einstein, Margareth Thatcher, Churchill, Nero... Esta lista quase não tem fim. O ponto em comum entre essas pessoas é que todas entraram para a História da humanidade, seja com contribuições positivas ou negativas. O ponto que as difere é que somente algumas entraram para a sua própria História.

Vou explicar melhor. Imagine-se no centro de vários círculos concêntricos que representam seus níveis de relacionamento. Veja a figura abaixo:

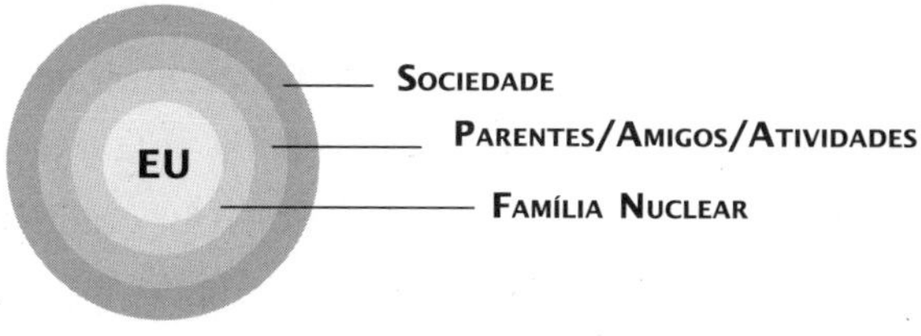

1. No centro estaria você — no caso, o "eu"
2. No primeiro círculo, mais próximo do centro, está sua família nuclear, mais direta (pais, cônjuge e filhos)
3. No segundo, o restante de sua família (parentela), seus amigos e colegas de trabalho ou de grupos sociais
4. Por fim, como último círculo, está a sociedade (bairro, cidade, estado, país, mundo), como sendo o ambiente onde esta figura está inserida

Antes que você pergunte onde está Deus neste desenho, esclareço que ele está em você, no centro de sua vida, no centro do "eu". É ele quem capacita você a amar e servir a todos esses círculos de relacionamento, a ser alguém que faz a diferença genuína e positiva.

Infelizmente, algumas pessoas perdem ou são privadas do primeiro círculo, da família nuclear. Outros preferem não desenvolvê-lo, indo contra o fluxo natural. Entenda que nossa natureza nos impele a procurar um par do sexo oposto (é polêmico, mas é o que penso) e também à continuidade da existência através de nossos filhos. Casar ou não ter filhos também é uma opção para muitos. Só que essas opções privam e impedem essas pessoas de desenvolver dois tipos de amor insubstituíveis, que outras relações não podem compensar. Como instruir e orientar casais se a pessoa nunca passou pela experiência da vida a dois?

O trabalho que alguns desenvolvem com crianças carentes é bonito, louvável e deve ser estimulado. Mas como amá-las como filhos se não sei o que é ter um filho? Vinícius de Moraes escreveu na poesia Poema Enjoadinho um pensamento intrigante: "Filhos, melhor não tê-los/Mas se não os temos, como sabê-los?" Somente quando a pessoa decide ter um filho é que realmente descobre as demandas e sentimentos naturais de quem tem um pedaço seu do lado de fora.

Sua História é composta por experiências vividas em todos os círculos. O sucesso está em desenvolver cada um deles de forma equilibrada.

Toda essa explicação sobre o primeiro círculo, e de como ele é insubstituível, fundamenta a compreensão do sentido desta reflexão. Sua História é composta por experiências vividas em todos aqueles círculos. Mas muita gente prioriza alguns círculos em detrimento de outros. O sucesso está em desenvolver cada um deles de forma equilibrada. Existem pessoas que entram para a História de seus amigos, de sua empresa, de uma associação de classe. Outras vão além e conseguem entrar para a História da sociedade em que vivem, ou até mesmo do mundo.

O problema está no fato de algumas dessas pessoas esquecerem de que seu círculo mais importante é o familiar, o primeiro e mais próximo. Não são poucos os casos de heróis nacionais ou mundiais que falharam no desenvolvimento dos relacionamentos mais básicos, mais importantes, aqueles que realmente fazem a vida valer a pena. Amigos passam, a escola passa, o trabalho passa, a cidade passa, mas a família permanece.

A Bíblia denuncia este perigo. Ela não constrói super-heróis, pessoas imbatíveis. O grande rei Davi é um dos exemplos que encontramos nas Sagradas Escrituras de pessoas que entraram para a História da humanidade e erraram na construção da História de sua própria família.

Os médicos de CTIs são unânimes em afirmar que o arrependimento mais freqüente entre pacientes terminais é por terem dedicado pouco tempo à família. Dedicaram-se a várias causas e pessoas, entraram para a História do mundo, mas esqueceram de entrar positivamente para a própria História, vivendo, amando e servindo sua ascendência e sua descendência. A única herança verdadeira que nossos pais nos deixarão, e que deixaremos para nossos filhos, são os valores transmitidos através do exemplo. Este é o único caminho para entrarmos positivamente para nossa própria História como líderes que construíram a mais difícil e complexa de todas as organizações: a família.

Para ser uma pessoa de valor, você não precisa necessariamente fazer algo notável, capaz de marcar sua entrada na História de amigos, empresas ou da própria humanidade. Se o fizer, parabéns — desde que tenha conseguido isto sem esquecer de entrar para sua própria História. E isto só é possível através da família. Ela é o passado, o presente e o futuro de sua existência. Ela é sua mais importante contribuição.

DESAFIO

Para nascer um pai ou mãe responsável, mate o insensível!

Rubinho **ganhou**, mas **não levou!** Será?

"É duplamente vencedor quem, na vitória,
venceu a si mesmo."
PUBLILIO SIRO

DOMINGO, 12 DE MAIO DE 2002, Grande Prêmio da Áustria de Fórmula 1. Não vou entrar em detalhes sobre o que aconteceu. Apenas lembrar de que, na última volta, a Ferrari mandou o piloto brasileiro Rubens Barrichello reduzir e deixar o alemão Michael Schumacher ganhar a corrida. Estes são os fatos. Mas por trás deles estão os ensinamentos, assim como em toda e qualquer experiência de vida. Resta-nos aprender com eles.

Pois bem: o que podemos aprender sobre liderança com o episódio de Rubinho, Schumacher e a Ferrari? Vejamos.

OS GESTOS FALAM MUITO MAIS DO QUE AS PALAVRAS

Schumacher errou em ultrapassar Barrichello. Ele próprio testemunhou isto. Ainda em pista, reconheceu o erro, arrependeu-se e, com humildade, tomou a decisão de não subir ao pódio mais alto e também de não ficar com o troféu maior, entregando-o a Barrichello. Esses gestos dispensam o uso de palavras. Ele mostrou, claramente, seu sentimento em relação ao que tinha ocorrido. Schumacher mostrou a grandeza peculiar aos líderes, que nem sempre os vitoriosos têm: errou e, com humildade, arrependeu-se. Mesmo que isto tenha ocorrido por pressão das vaias, não importa. Poderia tê-las ignorado. Não sou fã de Schumacher, mas é impossível fechar os olhos e ignorar os bons exemplos de exercício de boas virtudes humanas.

E você, é capaz de abrir espaço para que seus colaboradores possam receber as honras de suas vitórias ou das vitórias de seu departamento ou setor? Seu comportamento demonstra que você reconhece o valor dos que compõem seu time? Lembre-se de que suas palavras revelam o que você pensa, mas seus gestos revelam o que você sente sobre o que pensa. Como líder, seus gestos devem prescindir de palavras. A melhor liderança sempre foi e será pelo exemplo. Se Schumacher não tivesse tomado a atitude que tomou, palavra nenhuma teria adiantado para expressar o que sentia. Lembre-se disto quando estiver liderando.

A humildade é imprescindível aos grandes líderes

Barrichello demonstrou sua grandeza, seu profissionalismo e sua humildade quando acatou a ordem superior e ainda explicou com maestria, em entrevista coletiva, que recebia a decisão triste, mas consciente de seu papel. Barrichello não precisava de coragem para passar a linha em primeiro. Isto qualquer um faria. Foi muito mais corajoso quando tomou a decisão de deixar Schumacher passar, o que exigiu controle emocional que só os superiores têm. Da mesma forma, empurrar Barrichello para a posição mais alta e entregar a ele o troféu de campeão exigiram de Schumacher a virtude mais difícil de ser alcançada entre os líderes: a humildade.

Ser humilde não significa ser menor. Significa, simplesmente, reconhecer que o outro é melhor, não necessariamente maior. Significa reconhecer suas próprias limitações e deficiências. Foi isto que Schumacher fez: admitiu que Rubinho esteve melhor, correu melhor. Vendo por esta ótica, fica muito mais fácil o exercício da humildade. Na verdade, não dá para imaginar que alguém possa realmente exercitar a liderança sem a prática da humildade. Ela é fundamental para o bem-estar dos relacionamentos. A humildade nos capacita a servir, fator imprescindível no trabalho de equipe. Sem ela, não existe o serviço altruísta. Quando é por obrigação, falta o amor. E quando falta o amor, deixa de existir excelência no que fazemos.

> *Como líder, seus gestos devem prescindir de palavras. A melhor liderança sempre foi e será pelo exemplo.*

Você tem usado a humildade para reconhecer e valorizar as virtudes de seus colaboradores, assim como admitir que seu sucesso também depende das competências e da contribuição deles? Você tem sido humilde para reconhecer que existem pessoas melhores que você?

NEM SEMPRE VENCER SIGNIFICA GANHAR O JOGO

Não existe dúvida alguma de que a vitória foi de Barrichello. Mas, do ponto de vista da competição, não importa, Schumacher cruzou a linha de chegada na frente.

Ponto final. Em competições esportivas, pode até não valer o conceito do campeão moral. Mas na vida é bem diferente. Liderança não é medida somente por estatísticas. Liderança é, também, cultivar e desenvolver relacionamentos. Assim, quando as metas de seu setor ou departamento não são alcançadas por decorrência de fatores externos ou variáveis incontroláveis (uma decisão dos chefes, como aconteceu na Ferrari), o líder precisa ter a sensibilidade de avaliar o que a frieza dos números não mostra: o esforço, a dedicação, o compromisso dos que compõem seu time.

Mesmo sem ter as metas alcançadas, você, como líder, pode reconhecer, em sua equipe, colaboradores vitoriosos. E esta atitude é fundamental na preparação de seu time para os próximos desafios. É óbvio que isto não significa se conformar. A atitude de Schumacher em reconhecer Barrichello como vencedor da prova não só criou condições para que o brasileiro continuasse acreditando em si, como evitou um possível desgaste no relacionamento dos dois.

Como líder, você olha somente para números ou consegue enxergar aquilo que somente o coração consegue ver? Aprenda a ouvir a alma de seus liderados.

Aquele episódio serviu para ensinar um pouco mais sobre liderança. Seria absurdo, portanto, imaginar que Rubinho ganhou, mas não levou. Ele pode até não ter conquistado os dez pontos do campeonato, mas não resta dúvida de que levou o troféu mais importante: o da grandeza.

DESAFIO

Para nascer o líder altruísta, mate o ambicioso!

Bons relacionamentos? **Foque** nos **princípios**

"A pessoa mais útil no mundo atual é aquela que sabe como se entender com os outros. Relacionamento humano é a mais importante ciência da vida."
STANLEY C. ALLYN

JÁ VIMOS ANTERIORMENTE que, ao aprender alguma coisa, precisamos compreender os princípios, e não somente as idéias ou exemplos apresentados. Baseando-me nesta afirmação, faço outra provocação: os princípios que regem os relacionamentos humanos também são imutáveis. Se praticados, eliminam boa parte dos conflitos pessoais.

Por mais paradoxal que possa parecer, somos os mesmos há milênios. O ser humano não mudou quase nada. Possui os mesmos medos, anseios, angústias, sonhos, aspirações de 2 mil anos atrás. Eles ainda estão presentes em você, cidadão ou cidadã do Terceiro Milênio, da mesma forma que antes. A única coisa que muda ao longo do tempo é o objeto ou o meio que usamos para manifestar essas sensações, esses sentimentos. Antes, o medo era de ser atropelado por um cavalo; hoje, é por um carro. E assim segue o mundo.

O desconhecimento e a omissão na aplicação dos princípios que regem os relacionamentos entre os homens são os principais responsáveis pelos conflitos entre as pessoas. Pense no que disse Sigmund Freud, o pai da Psicanálise: "Temos defesa para qualquer tipo de ataque, mas somos absolutamente indefesos aos elogios". Obviamente, Freud falou sobre os princípios no relacionamento humano. Por isso é que se aplicam há séculos. Veja outro exemplo, desta vez do profeta Salomão, no livro dos Provérbios: "Uma resposta amiga e delicada acalma os nervos, mas quem responde com raiva provoca brigas e confusão".

> *Tomando os princípios como referências verdadeiras em nossos relacionamentos, evitamos conflitos absolutamente desnecessários.*

É isto: princípios. Tomando-os como referências verdadeiras em nossos relacionamentos, evitamos conflitos absolutamente desnecessários. Entenda que tomar algo como uma referência para si não é somente conhecer, mas também — e principalmente — aplicar.

Na prática:

- Fale amavelmente com as pessoas
- Sorria para elas
- Chame-as pelo nome
- Seja amistoso, útil, cordial

- Mostre interesse genuíno
- Elogie
- Atente para os sentimentos dos outros
- Considere as opiniões dos outros
- Sirva e ame as outras pessoas

Evidentemente, nada disso será possível se você não amar a si mesmo.

DESAFIO

Para nascer o carismático, mate o arrogante!

Não basta **compreender**, tem que se **identificar**

"Amar as pessoas é mais importante do que liderá-las. Elas não se importam com o quanto você sabe até que saibam o quanto você se importa com elas."

JOHN MAXWELL

A PARTIR DE UM FATO aparentemente sem conseqüências, veja como podemos aprender — desde que estejamos em estado de consciência mental crítica.

Depois do carnaval de 2002, passei a usar um cavanhaque. Desconsiderando os votos favoráveis ou de protesto de amigos e parentes, prevaleceram os únicos dois votos que realmente contam: o meu e o de minha esposa. Mas o fato interessante é como o mundo inteiro, para mim, passou a ficar repleto de homens usando cavanhaque. O número de pessoas que usam cavanhaque é praticamente o mesmo, mas como estava na condição de usuário, passei a percebê-los melhor. E isto me despertou e me inspirou para o tema deste capítulo: identificação.

Digamos que você esteja passando por uma dificuldade qualquer, seja ela de ordem moral, existencial, familiar ou profissional. Neste momento, seria natural que procurasse alguém para desabafar e se aconselhar. Se assim fizesse, quem seria a pessoa mais adequada ou preparada para ajudar a ver as coisas como realmente são e encontrar os caminhos que levariam à solução do problema? Seu pai, sua mãe, seu melhor amigo, seu chefe? Não, nenhuma delas. A melhor pessoa seria alguém em quem você confiasse e que já tivesse passado pelo mesmo problema ou por situação semelhante — ou seja, alguém que pudesse se identificar com sua situação. Poderia até ser seu pai ou um amigo, desde que fosse alguém capaz de compreender ou imaginar o problema pelo fato de ter passado pela mesma experiência. Isto se chama identificação.

! É através da identificação que você poderá entrar em perfeita sintonia e harmonia com seu liderado ou colega, sentir o que ele está sentindo. Só assim você passa a enxergar o problema pela perspectiva do outro.

Levando para o ambiente das empresas, penso que o maior desafio de alguém que exerce liderança é não apenas compreender o que se passa com seus colaboradores, mas sentir as dificuldades que eles experimentam na realização de suas tarefas. É através da identificação que você poderá entrar em perfeita sintonia e harmonia com seu liderado ou colega, sentir o que ele está sentindo. Só assim você passa a enxergar o problema pela perspectiva do outro. Isto também vale para seus colegas, independentemente de você exercer ou não a liderança sobre eles. Esta atitude de identificação pressupõe a disposição de sair de seu lugar, abrir mão do conforto e da comodidade de olhar as coisas somente de seu ponto de vista e admitir a possibilidade de ocupar o lugar do outro. É um exercício de empatia.

Sempre que se deparar com alguém lhe pedindo auxílio para solucionar um problema, e se for um problema que você nunca experimentou antes, saia do seu lugar e procure ver o contexto, inserindo-se na situação. Isto é identificação, é sentir o que o outro está sentindo. Mesmo que você já tenha vivido o problema, não hesite em tentar vê-lo sob a ótica do outro. Pode ser que o problema esteja se manifestando por outras causas ou de outras formas. Desça ao chão da fábrica e examine com seus próprios olhos a máquina ou o processo; vá ao salão de vendas da loja; percorra com seu colaborador ou colega o depósito das mercadorias; vá à rua e visite os clientes com seu vendedor; fique atrás do balcão e veja como é atender os clientes raivosos; passe um expediente no telemarketing — enfim, identifique-se com os outros, sentindo o que eles sentem. Mas tome cuidado: identificar-se não é resolver o problema pelo outro, mas capacitar-se para ajudá-lo a enxergar melhor as possíveis soluções.

Tome cuidado: identificar-se não é resolver o problema pelo outro, mas capacitar-se para ajudá-lo a enxergar melhor as possíveis soluções.

Na família não é diferente. Não basta cobrar do filho ou da filha que ela precisa ser mais estudiosa e aplicada.

Identificar-se é perguntar onde está a dificuldade e de que forma você pode ajudar. Não é reclamar para a esposa ou o marido que as despesas da casa estão ficando fora de controle, mas sentar à mesa e analisar a situação, item por item.

Identificar-se é tornar-se idêntico, é assemelhar-se com o outro. Nem sempre é possível. Se você ainda não perdeu seus pais, por exemplo, dificilmente você poderá ajudar alguém que esteja passando por esta dor. Mas, sempre que possível, procure não só compreender o outro e seu problema: procure identificar-se com ele, tendo o mesmo sentimento. Você verá como as pessoas passarão a confiar muito mais em você e tê-lo como alguém solidário, humano.

DESAFIO

Para nascer o empático, mate a visão unilateral!

Fé e Obras

Você pode muitas coisas, mas não pode todas. Somos limitados. Porém, existe um caminho para conquistar coisas inimagináveis à mente e à imaginação humanas. Este caminho passa pelo desenvolvimento da capacidade de crer no intangível, no sobre-humano, no invisível, no transcendente; passa pela certeza de que as coisas que se esperam em Deus ocorrerão. Mas não basta crer. Devemos agir de acordo com o que cremos. E se cremos no poder, nossa vida será poderosa. Está ao seu alcance esta decisão, esta escolha. Por isso, morra, e, ainda nesta vida, renasça para uma nova existência, ilimitada no tempo e no espaço, na eterna presença do Criador.

Auto-ajuda:
isto existe?

"Mas os que esperam no Senhor sempre renovam suas energias. Sobem, voando como águias. Correm e não se cansam, caminham e não perdem as forças."
ISAÍAS 40:31

QUERO SUGERIR uma fantástica experiência. Você pode, inclusive, aplicá-la em casa mesmo. Calce algum tipo de sapato com cadarços — ou, no caso das mulheres, com tiras. Fique de pé. Curve-se em direção ao solo. Pegue os cadarços ou as tiras e tente puxá-los para se erguer do solo. Use toda a sua força. Mesmo que os cadarços ou as tiras resistissem, e que você tivesse toda a força do mundo, acredita que poderia sair do chão? Certamente não conseguiria. E por qual razão? Pense um pouco. Você deve saber que há pessoas com força suficiente para erguer o corpo apoiando-se em barras. Mas por que essas pessoas, mesmo com tanta força, também não conseguiriam se erguer puxando os cadarços ou as tiras? É simples: falta-lhes um ponto de apoio.

Só conseguimos nos erguer em uma barra metálica porque a usamos como ponto de apoio para descarregar as forças e vencer a gravidade. É uma questão de Física. O mesmo acontece na vida. Todos os dias, precisamos vencer forças que trabalham contra o nosso crescimento como seres humanos: os problemas, as decepções, as frustrações, as derrotas, as tristezas. Não podemos nos deixar abater, e temos de avançar sobre eles e apesar deles. É como uma aeronave ou foguete que precisa subir, apesar da força contrária da gravidade. Caso contrário, ela não cumpre seu objetivo. A única diferença é que, no seu vôo pessoal, só existe subida, crescimento, mesmo na derrota ou no insucesso. Se caiu, levante e cresça. Este é o lema, ou deveria ser. Você não pode admitir voar para baixo. Isto é regredir, é trabalhar contra seu projeto de crescimento contínuo.

É preciso que você entenda que não estou me referindo aos desafios de seu trabalho ou de sua empresa. Estes são como objetos externos a você, como um balde, uma mala ou uma TV. Nestes casos, você mesmo é o ponto de apoio. Para levantar sua empresa, seu departamento, sua equipe, você usa seu conhecimento, sua experiência, seu entusiasmo como pontos de apoio. Mas o ponto central não é a necessidade de erguer seu departamento ou sua empresa. O foco aqui é quando você precisa ser erguido. É quando sua alma e seu coração estão machucados. É quando a tristeza, a melancolia, o desespero ou a angústia abate seu ânimo.

Entendido isto, vamos à principal pergunta: onde está o ponto de apoio de que você precisa para elevar-se como ser humano e crescer nos problemas? Neste mundo moderno, egocêntrico e hedonista, uma corrente de pensamento ganhou força e adeptos: a auto-ajuda. Infelizmente, meu primeiro livro, Por Que Eu Não Pensei Nisso

Antes?, foi classificado desta forma. Não é isto que prego ou defendo. A auto-ajuda afirma que podemos buscar em nós mesmos o ponto de apoio necessário para superar todas as adversidades, as forças que impedem nosso crescimento. Imaginar isto como verdadeiro é a mesma coisa que tentar erguer-se puxando os cordões de seu sapato. Não temos em nós, em nossas próprias mentes, um ponto de apoio que nos permita descarregar a força para vencer a subida. Esta força até existe, e está em nossas mentes, em nossa capacidade de pensar, de raciocinar, de fazer as melhores escolhas, assim como na capacidade de sentir, de amar, de perdoar. Estes são dons que Deus deu a cada um dos homens. Mas para esta força ser exercitada, precisa de um ponto de apoio.

Todos os dias, precisamos vencer forças que trabalham contra o nosso crescimento como seres humanos: os problemas, as decepções, as frustrações, as derrotas, as tristezas. Não podemos nos deixar abater, e temos de avançar sobre eles e apesar deles.

Imagine um guindaste móvel. Aqueles que funcionam sobre caminhões. Eles têm, em si, os mecanismos e a energia capazes de erguer vários objetos. Mas apesar de tanta força, eles não conseguem levantar a si mesmos, a não ser que busquem um ponto de apoio externo. Outro exemplo: já viu aqueles jipes com tração que usam árvores para sair de um atoleiro? Eles fixam um cabo que sai do carro a uma árvore (ponto de apoio externo), e com o próprio motor (uma força interna) retiram-se do atoleiro. Acontece a mesma coisa conosco.

Volto à pergunta: onde você tem lançado suas bases de apoio para, usando os mecanismos e a força que possui, erguer-se e crescer como ser humano, superando os problemas pessoais, as provações? Alguns tentam usar a filosofia como ponto de apoio. Outros, a ciência, a religião, os amigos, um ídolo, uma instituição. O único problema é que todas essas coisas mudam, são instáveis, não são absolutas nem eternas. São válidas como referências, mas não como pontos de apoio firmes, inquestionáveis.

Existe um ponto de apoio que não sofre variação de mudança, é eterno e justo, poderoso e absoluto, compreensivo e amoroso, vivo e atuante. Este ponto de apoio chama-se Deus!

Porém, existe um ponto de apoio que não sofre variação de mudança, é eterno e justo, poderoso e absoluto, compreensivo e amoroso, vivo e atuante. Este ponto de apoio chama-se Deus! Não o deus da interpretação dos homens, utilizado, muitas vezes, como pretexto para fazer valer os interesses próprios, pessoais. Refiro-me ao genuíno Deus da Bíblia. E somente a fé pode conectar-nos a ele. Tê-lo fielmente como ponto de apoio é valer-se da insofismável verdade e de uma força que está acima de todos os problemas. É valer-se de um ponto de apoio que não escorrega, não se inclina, não balança. É firme, confiável, seguro. Sempre está lá, pronto a sustentar-nos, a servir como apoio para nosso crescimento. Ele mesmo diz: “Venham a mim e Eu lhes darei descanso — todos vocês que trabalham tanto debaixo de um jugo pesado" (Mateus 11:28). Usar a si mesmo como ponto de apoio para a própria superação é como querer erguer uma casa sobre a areia. Falta base, fundamento.

Assim, cuidado com a idéia da auto-ajuda. Quando você pensar que existe base em si mesmo que lhe permita se levantar, pode se perceber tentando subir puxando os cordões de seus sapatos. Ao invés de auto-ajuda, pense na ajuda que vem do alto. Nesta você pode sempre confiar para superar as ameaças que atacam a alma e o espírito.

DESAFIO

Para nascer alguém de fé, mate o ególatra!

Os **verbos** de Natal que revolucionaram a **humanidade**

"A ninguém devais coisa alguma, senão o amor recíproco; pois quem ama ao próximo tem cumprido a lei. Com efeito: Não adulterarás; não matarás; não furtarás; não cobiçarás; e se há algum outro mandamento, tudo nesta palavra se resume: Amarás ao teu próximo como a ti mesmo."

ROMANOS 13:8, 9

QUERO CONCLUIR A MENSAGEM deste livro convidando você para uma reflexão diferente, mas necessária. Ninguém contrariou mais o seu tempo e a sabedoria humana do que Jesus Cristo. Ninguém revolucionou mais a humanidade que o Filho de Deus, a ponto de dividir a História em antes e depois dele. Mas o que fez de Jesus a figura mais relevante entre os que pisaram este mundo, a ponto de seu nascimento ser celebrado em praticamente todo o planeta? O que trouxe o Homem de Nazaré de tão importante que justifique tamanha homenagem, mesmo depois de mais de 2 mil anos? Buda, Gandhi e Churchill foram grandes líderes. Mas por que seus aniversários de nascimento não são comemorações mundiais?

Cristo veio com um propósito: cumprir o plano de Deus para a salvação daqueles que crêem. Mas veio também para deixar um modelo de vida à humanidade, de tal forma que os que o imitassem alcançassem a excelência da natureza humana. E não são necessários mais do que dois verbos para sintetizar a mensagem poderosa e revolucionária de Jesus Cristo: amar e servir.

> *Jesus desembainhou a espada do amor, mostrando que jamais, na face da Terra, foi dada uma arma mais poderosa do que esta para a libertação do coração do ser humano da escravidão do pecado e dos sentimentos nocivos.*

Quando todo o povo de Israel esperava um Salvador que viesse para libertá-los do jugo da dominação romana, Jesus contrariou suas expectativas e desembainhou a espada do amor, mostrando que jamais, na face da Terra, foi dada uma arma mais poderosa do que esta para a libertação do coração do ser humano da escravidão do pecado e dos sentimentos nocivos, como vingança, ambição e cobiça. E a sublimidade do amor de Jesus está no fato de que ele não amou só quem o amava, mas até quem o perseguiu. Deu a própria vida por aqueles que o amaram e também por aqueles que só viriam a entendê-lo após seu sacrifício. Jesus amou de verdade!s

Israel clamava por um rei a quem pudesse servir com pompa e orgulho, mas Jesus contrariou suas expectativas e, usando da humildade inerente a quem ama, mostrou que, para ser grande entre muitos, é necessário servir — e o fez apesar de ser o próprio Deus, com poder para acalmar ventos e mares. E o que há de mais excepcional no exemplo de serviço de Jesus é o fato de não ter sido dirigido a reis e autoridades, mas principalmente a quem mais precisava: os famintos de corpo e de alma, dando-lhes pão espiritual e material. Lavou os pés de seus seguidores, e ao invés de esperar ser servido de pão e de vinho em sua última ceia, tomou a iniciativa e os repartiu entre os seus discípulos. Serviu os que o buscavam em prantos e em miséria, curando-lhes as enfermidades e restaurando-lhes a dignidade. Jesus serviu de verdade!

Não importa se hoje é Natal ou outro dia qualquer do ano. Saiba apenas que o maior presente que você pode dar ao homenageado do Natal é seguir os passos que ele pisou, fazendo de sua vida um exemplo vivo da mensagem de Jesus. Nada pode ser mais poderoso neste mundo do que a prática destes dois verbos: amar e servir. Que o Senhor abençoe você nesta missão, cujo resultado é uma vida cheia de significado!

> *Apesar de ser o próprio Deus, com poder para acalmar ventos e mares, Jesus mostrou que, para ser grande entre muitos, é necessário servir.*

DESAFIO

Para nascer a pessoa amorosa que serve, mate a natureza pecaminosa e peça a Cristo que nasça em sua vida.

Este livro foi composto por Idéia Dois Design,
em Arrus BT, e impresso pela Imprensa da Fé,
em papel Off-set 75 g/m²